# 2100年の世界地図

## アフラシアの時代

峯 陽一
Yoichi Mine



岩波新書
1788

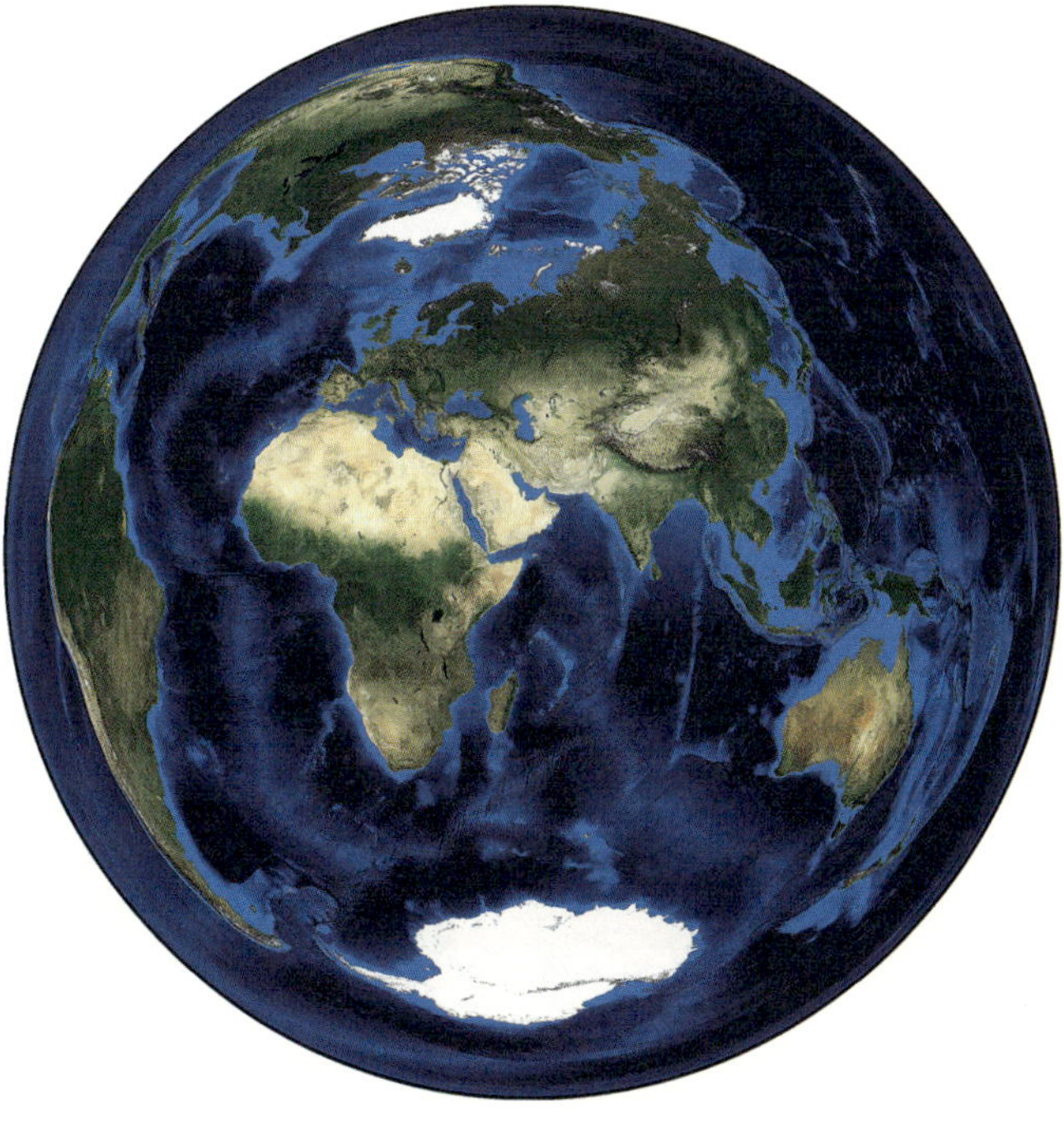

**口絵１　アフラシアを中心とする世界**

注：古代ギリシアの船乗りが「エリュトラー海」と呼んだ紅海からアラビア海に広がる海域を中心に，衛星画像を素材として，正積方位図法で世界を描いたもの

出典：Reto Stöckli, NASA Earth Observatory; G.Projector

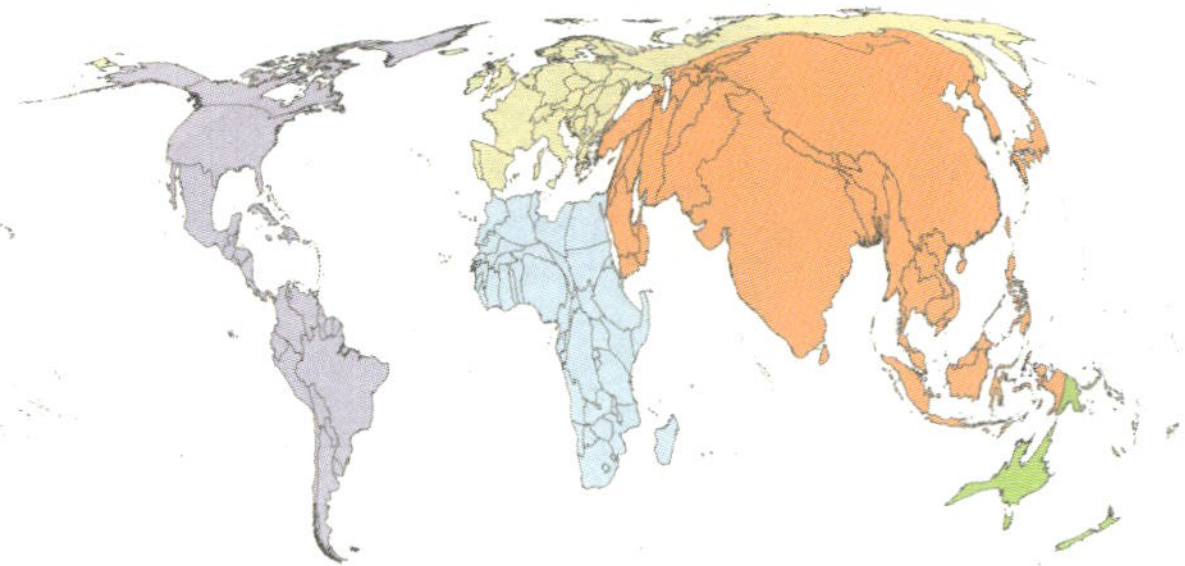

2001 年
（口絵 2）

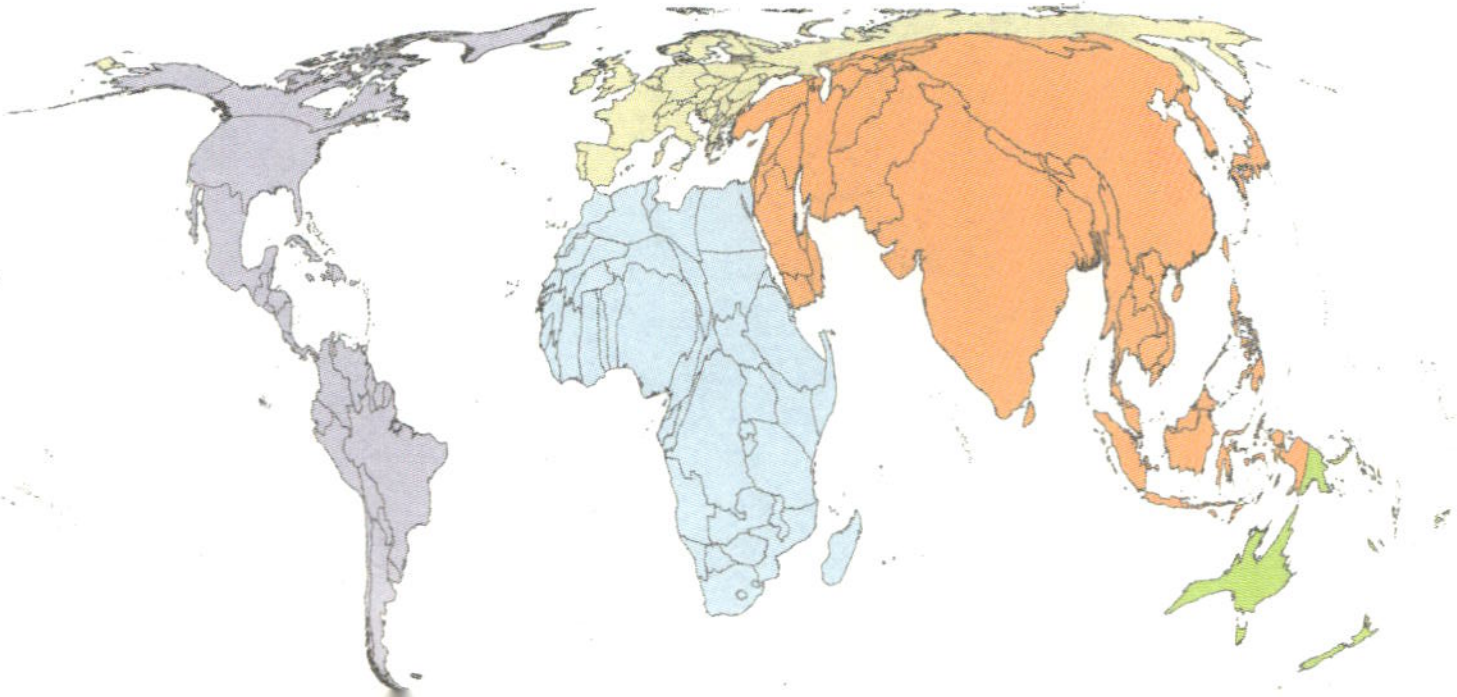

2050 年
（口絵 3）

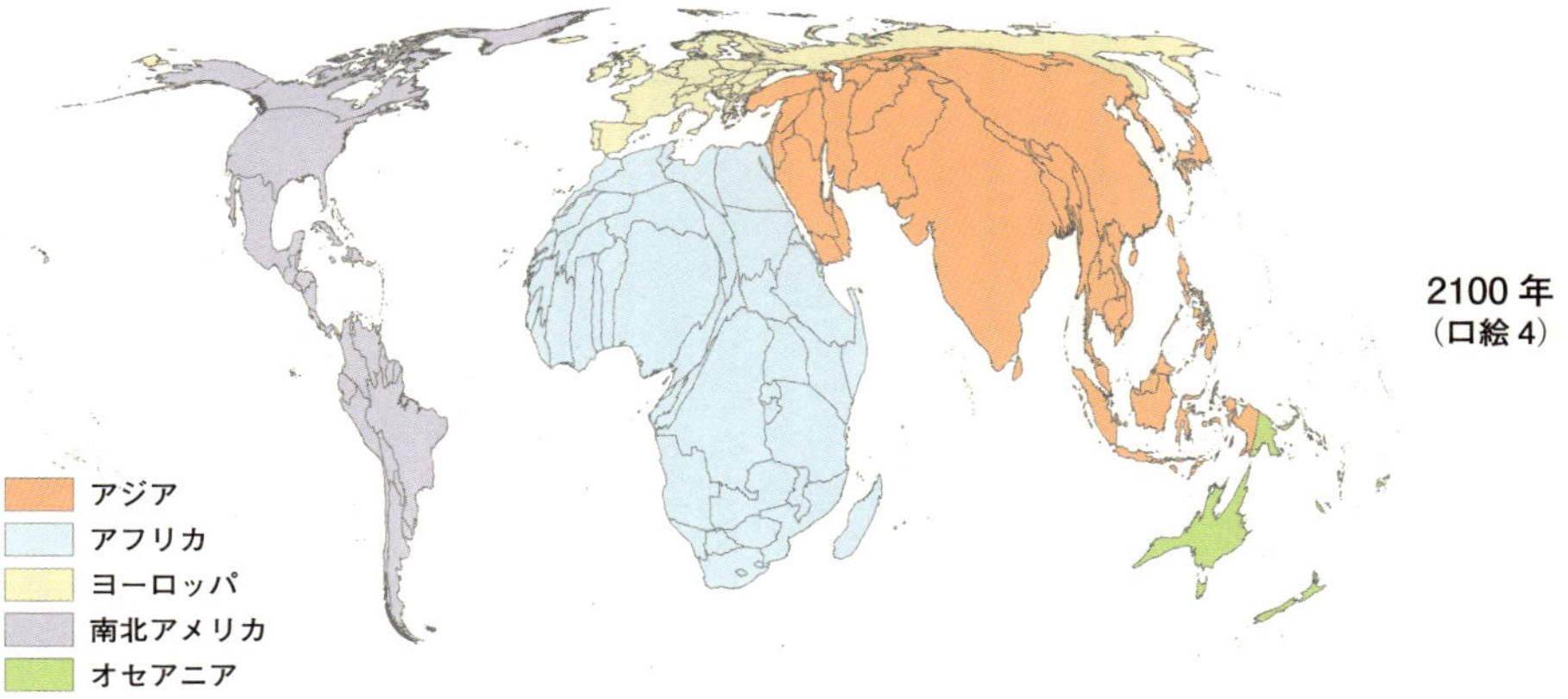


口絵2-4　人口規模のカルトグラム（2001-2100年）
出典：United Nations, Department of Economic and Social Affairs, Population Division, *World Population Prospects: The 2017 Revision.* https://population.un.org/wpp/Download/

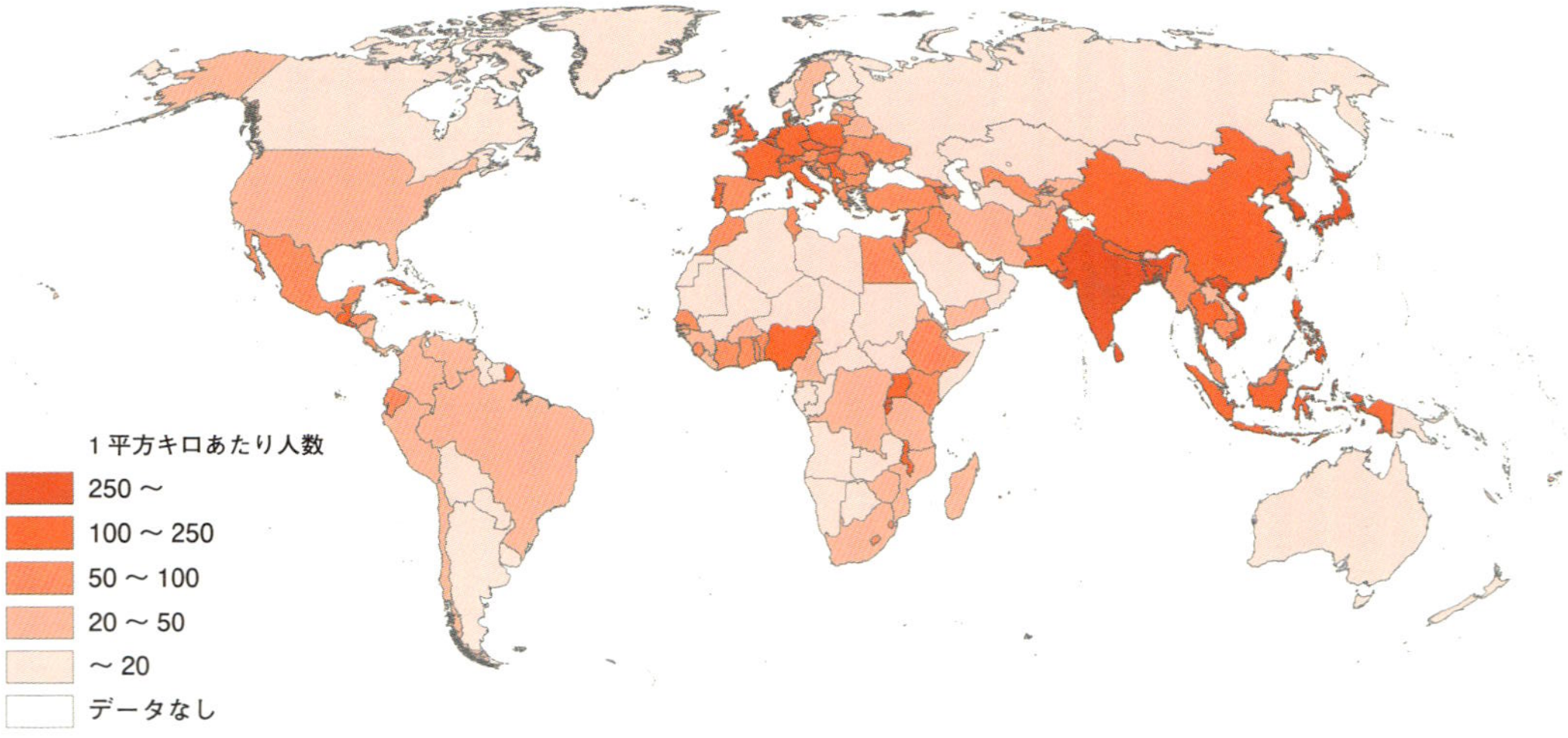


口絵5　世界の人口密度(2015年)
出典：口絵2と同じ

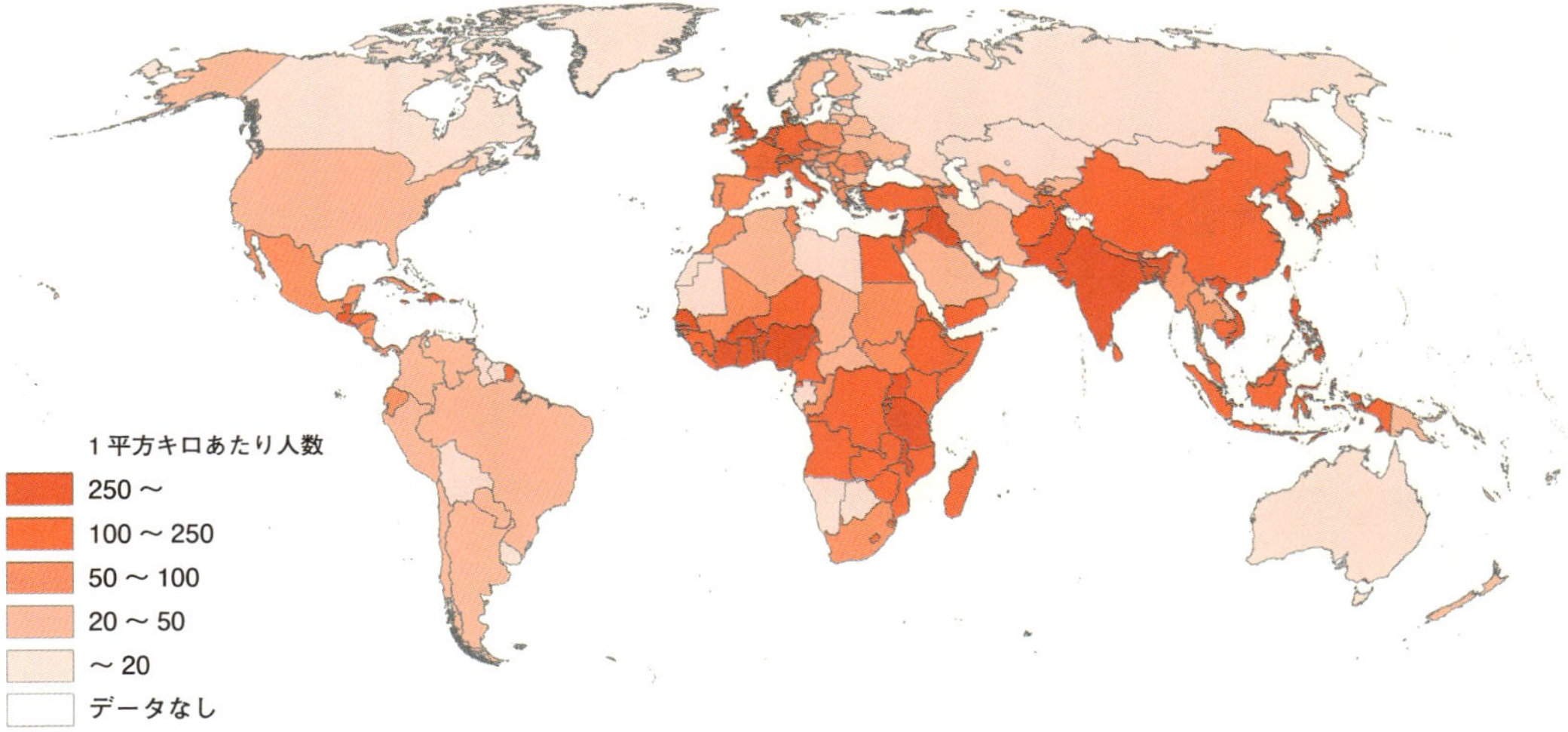


口絵6　世界の人口密度(2100年)
出典：口絵2と同じ

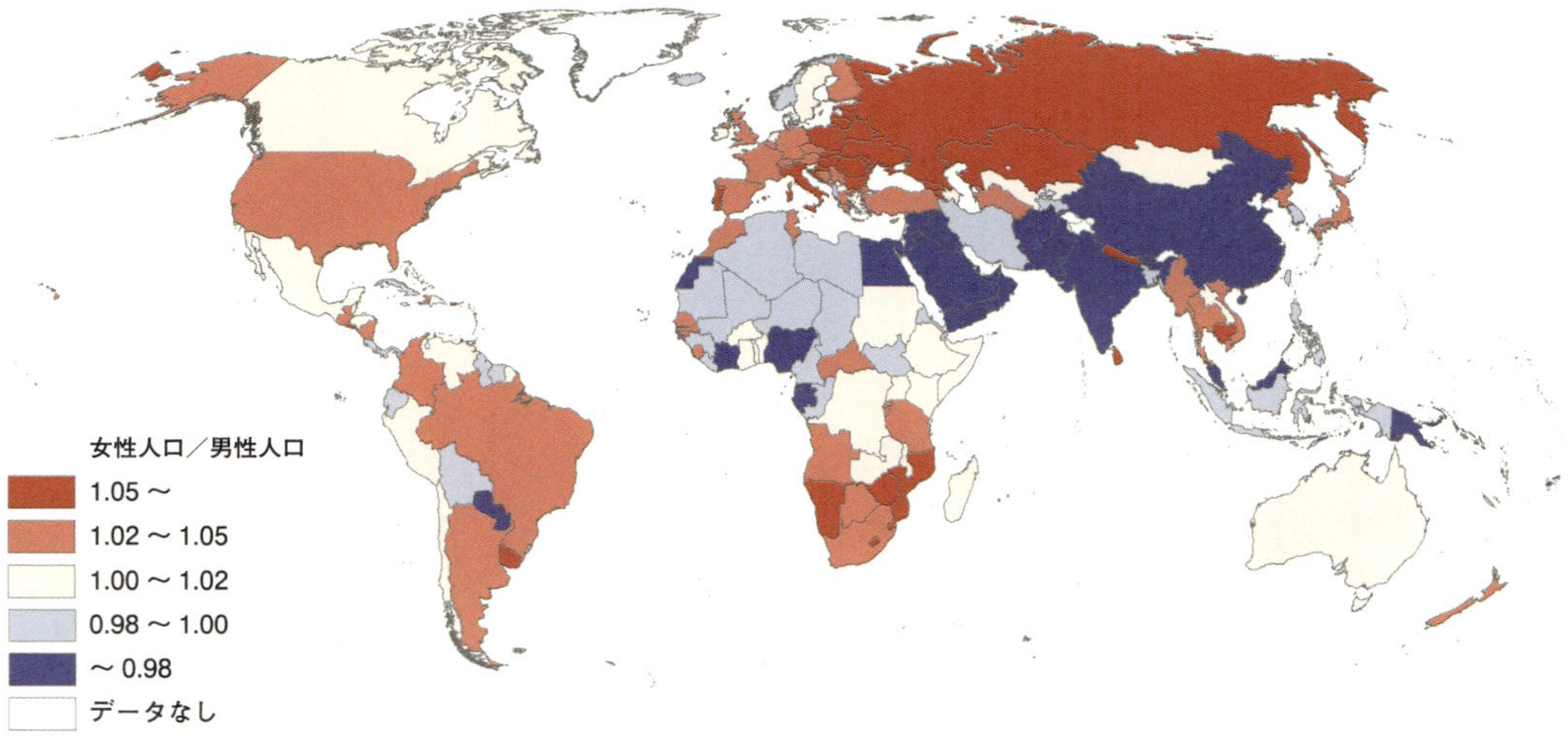


**口絵 7　男性人口を 1 とする女性人口の比率(2015 年)**

出典：口絵 2 と同じ

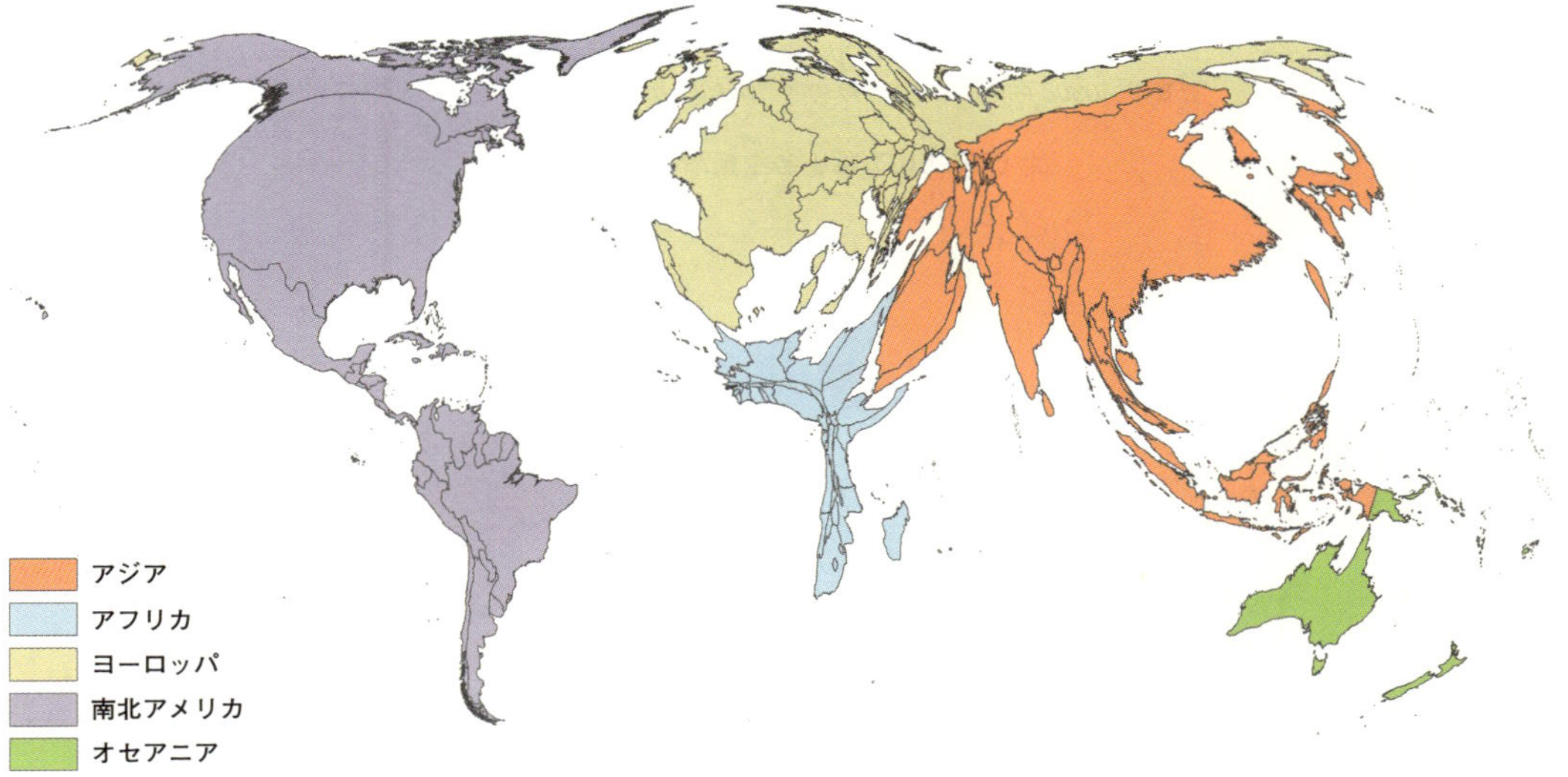


**口絵 8　世界各国の GDP のカルトグラム**
注：米ドル(2014 年)で表示
出典：世界銀行．https://data.worldbank.org/

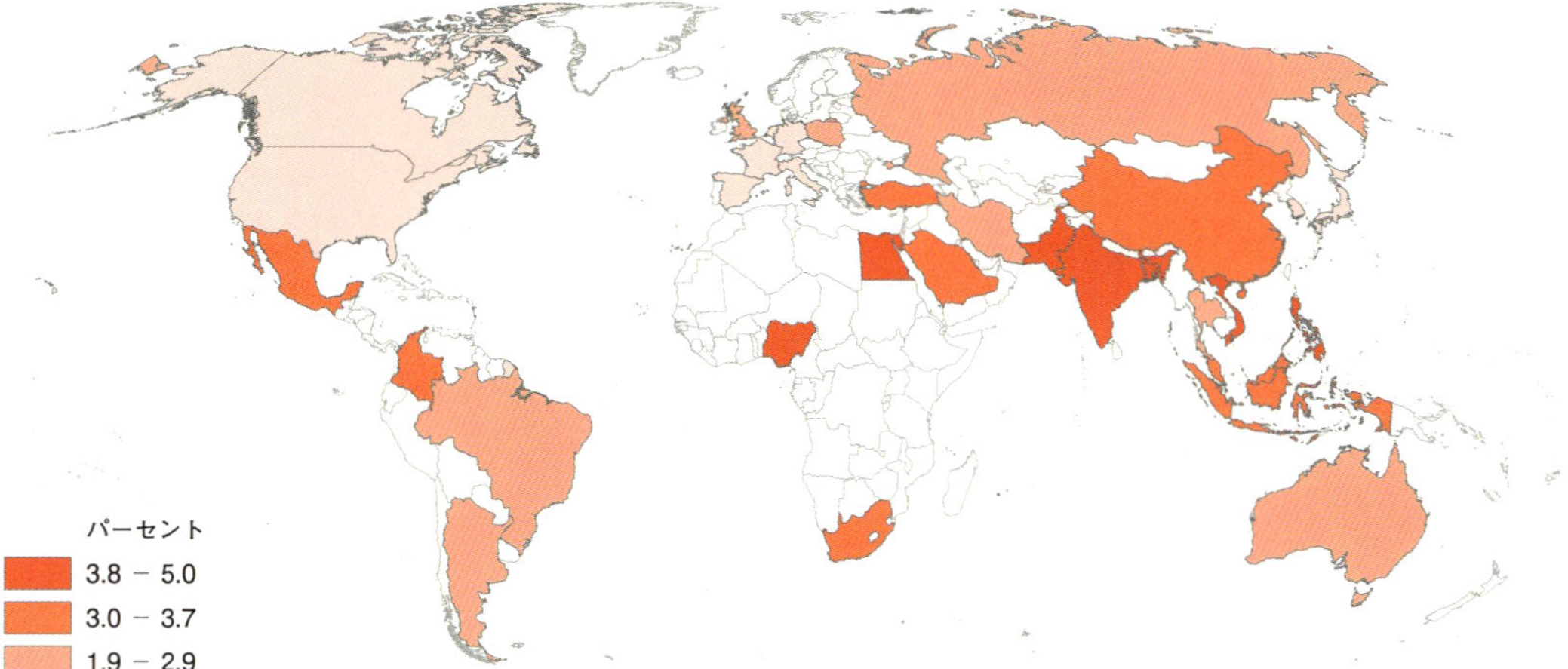


口絵 9　GDP 成長率の予想(2016-2050 年)

注：国内通貨による年平均経済成長率

出典：PwC, *The Long View: How Will the Global Economic Order Change by 2050?* (2017).
https://www.pwc.com/gx/en/issues/economy/the-world-in-2050.html

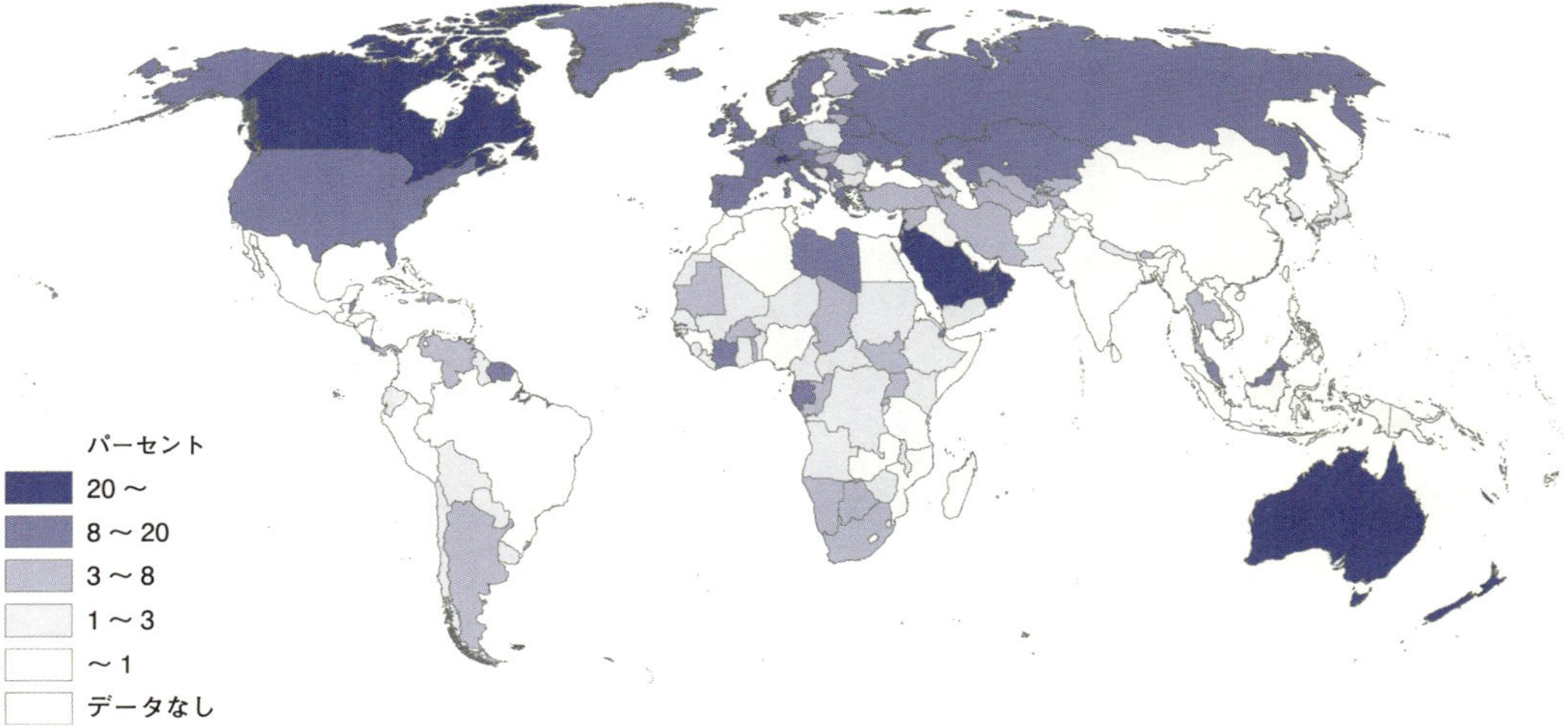


口絵 10　各国の人口に占める移民の割合(2017 年)

出典：United Nations, Department of Economic and Social Affairs, Population Division, *Trends in International Migration Stock: The 2017 Revision.*
http://www.un.org/en/development/desa/population/migration/data/estimates2/estimates17.shtml

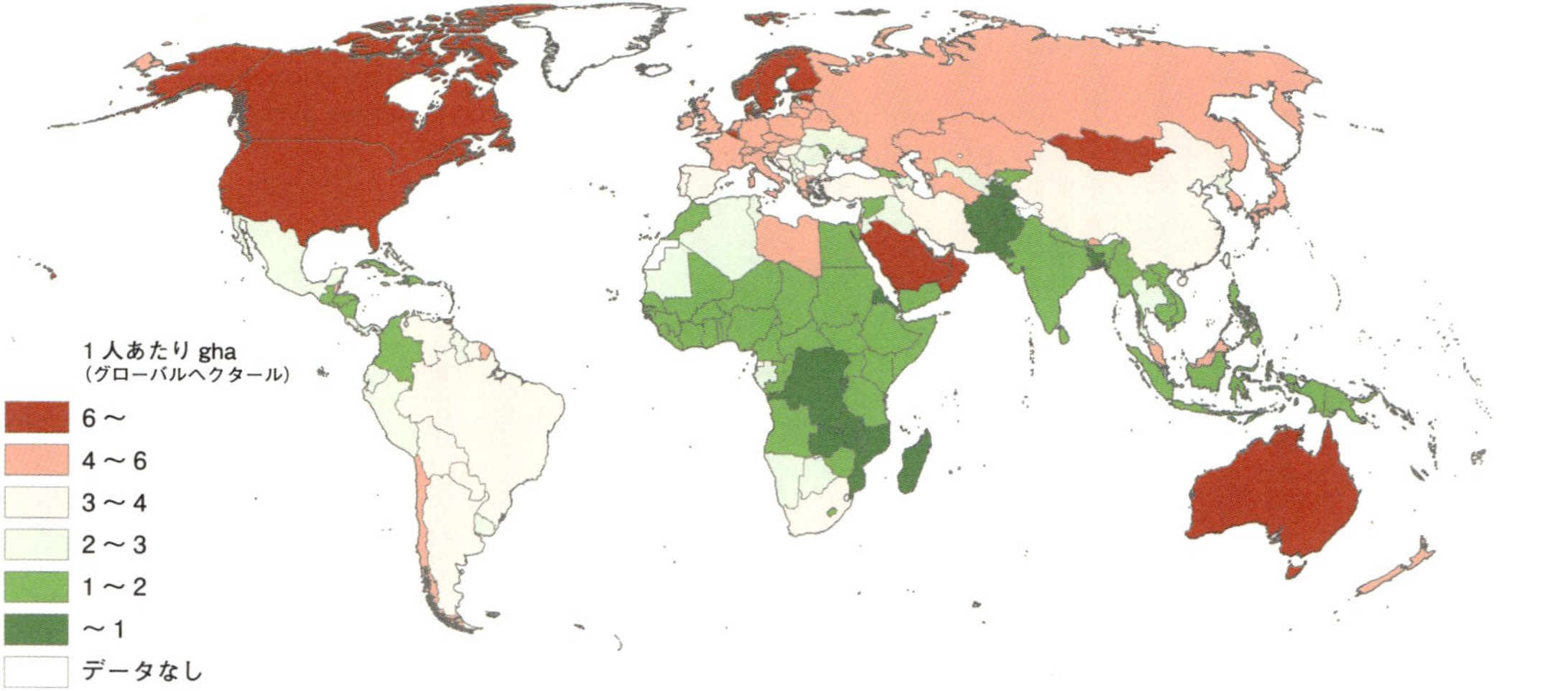


口絵 11　エコロジカル・フットプリント（2014 年）
出典：https://www.footprintnetwork.org/resources/

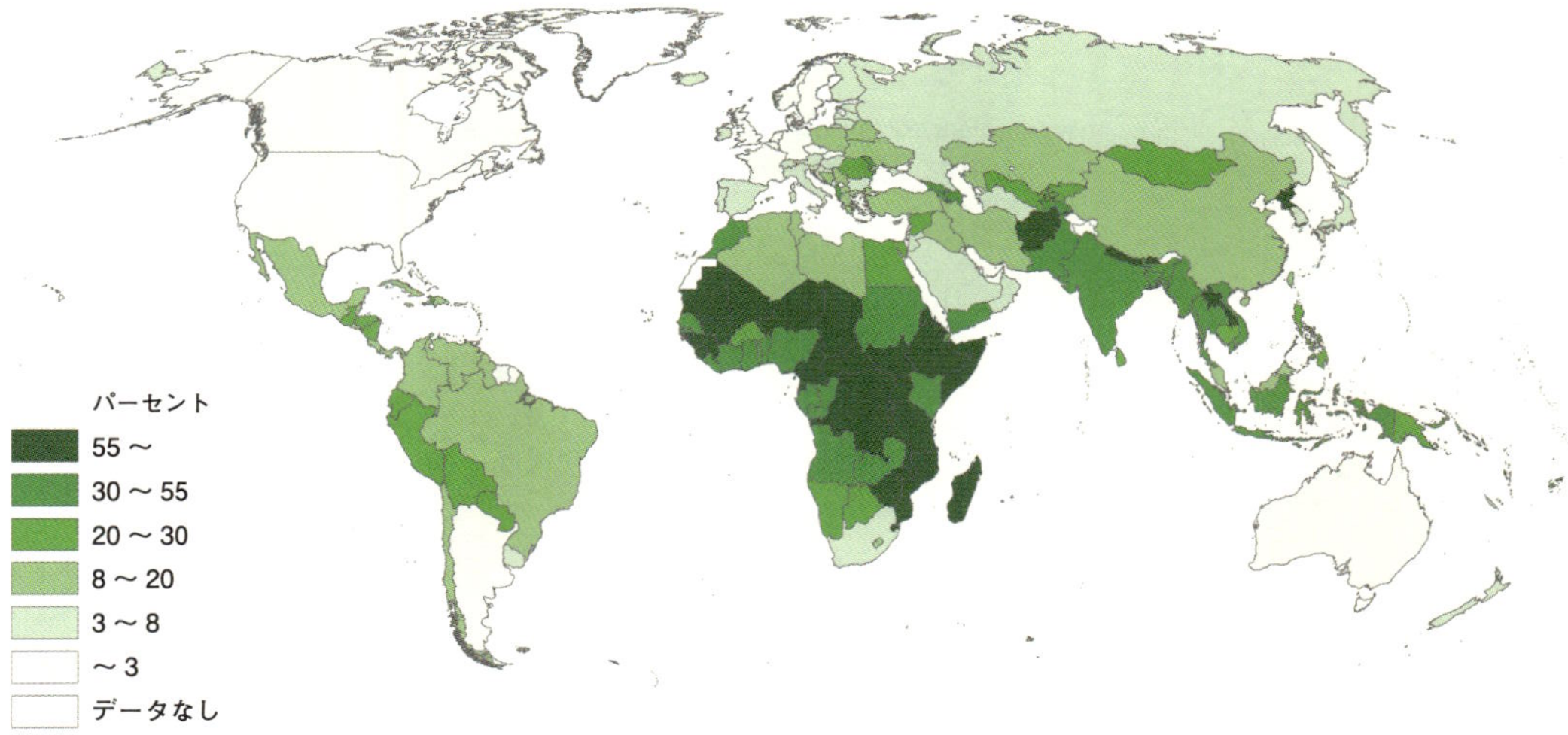


口絵 12　雇用に占める農業就労人口の割合(2018 年)
出典：世界銀行．https://data.worldbank.org/indicator/sl.agr.empl.zs

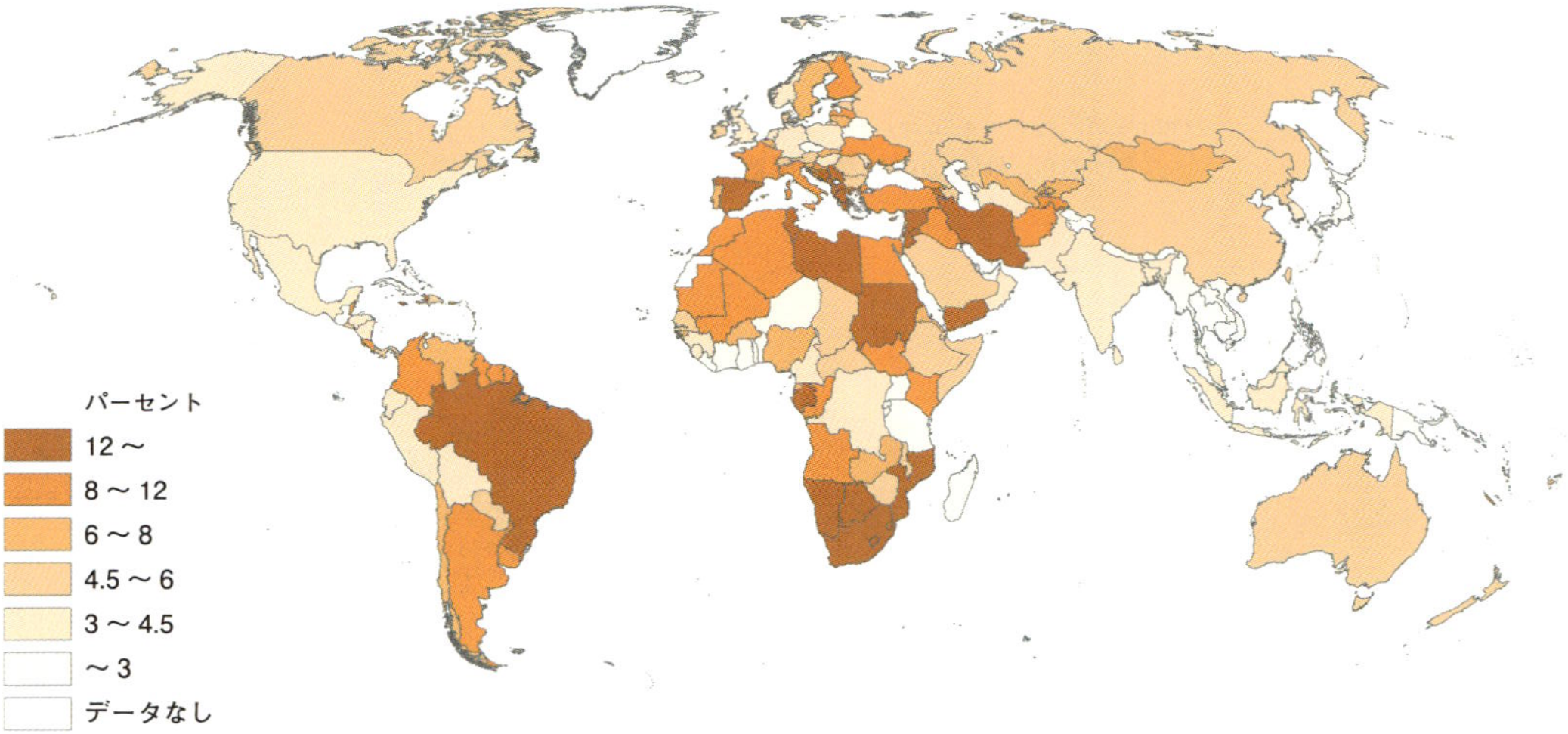


口絵 13　世界各国の失業率(2018 年)
出典：世界銀行．https://data.worldbank.org/indicator/sl.uem.totl.zs

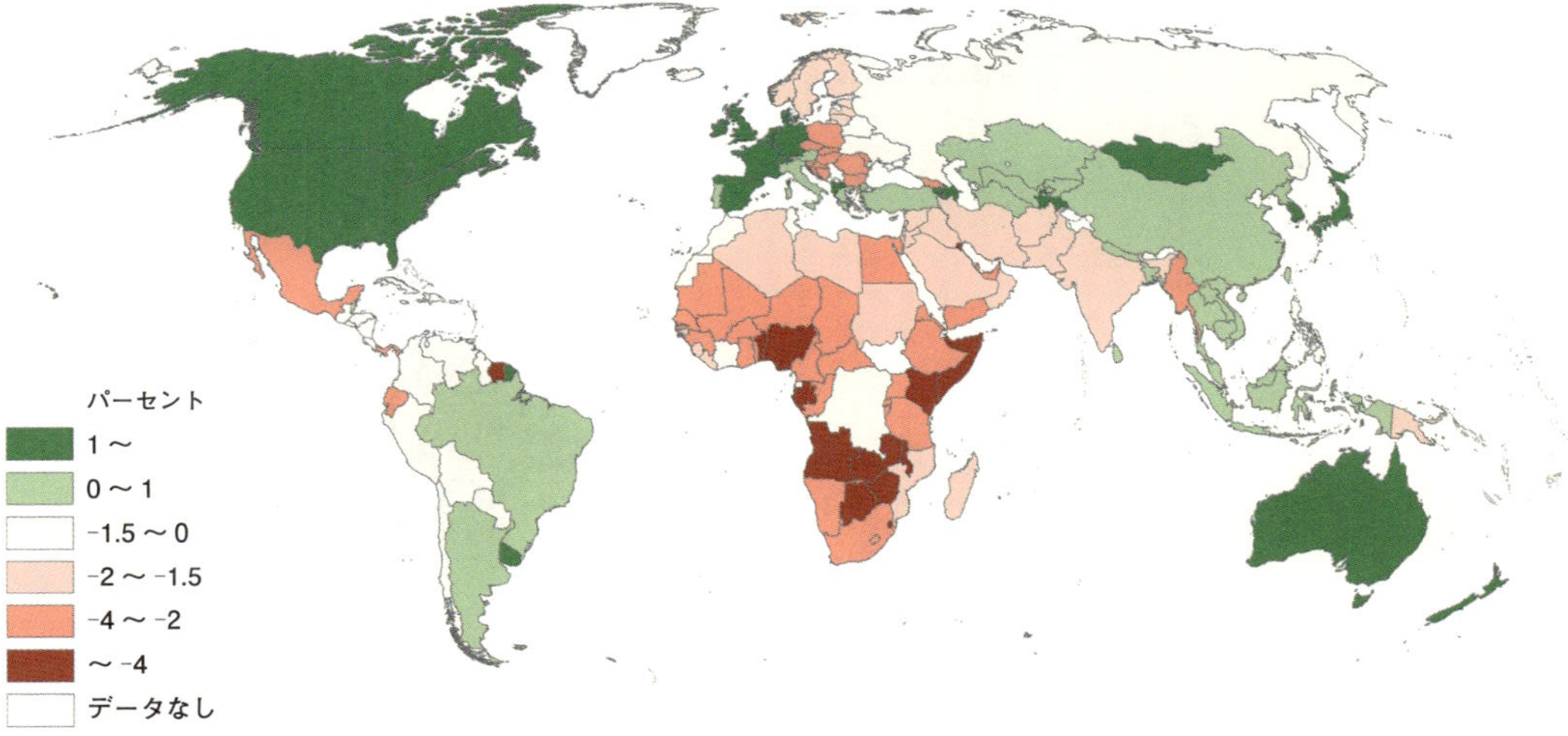


口絵 14　気候変動による農業生産の変化予測（B2A シナリオ）

出典：http://sedac.ciesin.columbia.edu/data/set/crop-climate-effects-climate-global-food-production/
A. Iglesias and C. Rosenzweig, "Effects of Climate Change on Global Food Production from SRES Emissions and Socioeconomic Scenarios," NASA Socioeconomic Data and Applications Center (SEDAC), 2009; M. L. Parry et al., "Effects of Climate Change on Global Food Production under SRES Emissions and Socio-economic Scenarios," *Global Environmental Change,* Volume 14, Issue 1, 2004, pp. 53-67.

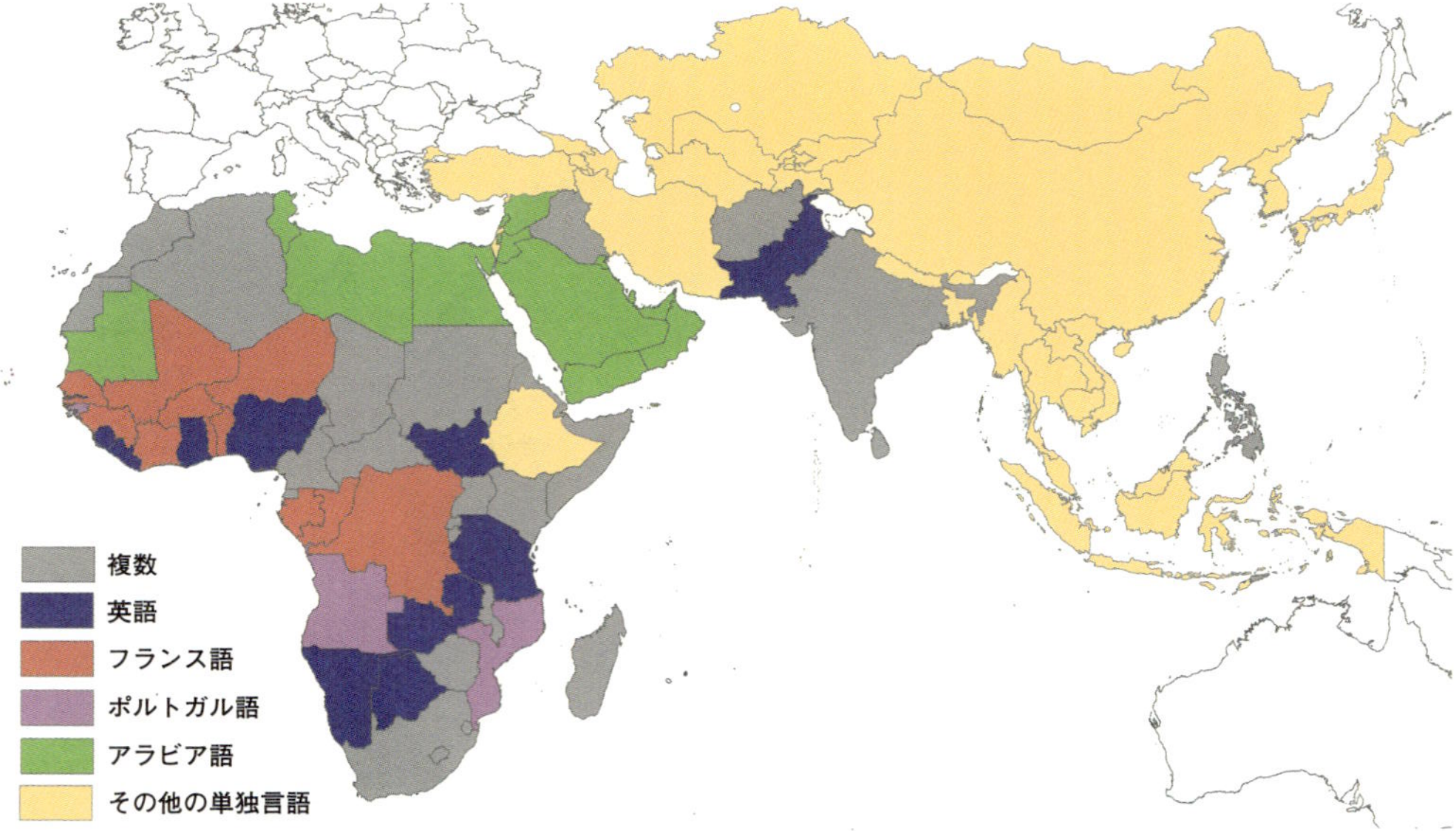


口絵 15　アフラシア各国の公用語
出典：外務省ホームページ，その他

# はじめに

成長していくものに対して、私たちは複雑な感情を抱く。それが自己の分身だと思えるときは、成長を喜び、もっと大きく、順調に育ってほしいと願うだろう。かつて自分が成長したときの教訓を分け与えようとさえする。しかし、それが他者だと感じられるとき、相手の成長は脅威になる。それを止めるのが無理なら、あえて目を背けるか、自分の領域を守ろうと必死になるかもしれない。

アジアとアフリカの人口が急成長している。二一世紀の最初の年、すなわち二〇〇一年の世界の人口は、およそ六二・二億人だった。その内訳を見ると、アジアの人口は三七・八億人、南北アメリカの人口は八・五億人、アフリカの人口は八・四億人、ヨーロッパの人口は七・三億人、オセアニアの人口は〇・三億人だった。

ところが、国際連合経済社会局人口部の人口予測（中位推計）によると、二一世紀の最後の年となる二一〇〇年には、世界の人口は一一一・八億人に増えるという。そのうちアジアの人口は四七・八億人、アフリカの人口は四四・七億人、南北アメリカの人口は一二・一億人、ヨーロッパの人口は六・五億人、オセアニアの人口は〇・七億人である。今から百年もたたないうちに、アジアとアフリカの人々が世界人口のおよそ四割ずつ、合計して八割を占めるようになっている――あるいは、そうなる可能性が高いというのである。

この変化がいかに劇的かについては、数字を見るよりも絵を見た方が実感できる。本書では地理情報システム(GIS)の手法を使って、人口分布などの地球規模の情報を多彩な地図で示していく。カラーでまとめて本書の冒頭に掲載しているので、ページをめくりながら参照していただきたい。

まず、衛星画像による口絵1を見よう。アフリカとアジアの自然環境は熱帯から寒帯まで多様であり、それ自体がひとつの巨大な世界を構成している。本書ではアフリカとアジアをくくる地理的概念として、「アフラシア」という言葉を使う。アフラシアの国々の面積は、世界の国々の面積の合計の約四六パーセントを占める。地理的にはウラル山脈以東のロシアはアフラシアの一部と見なしてよいのだが、国別統計ではロシアは不可分の一国なので、まるごとヨーロッパに含める。

続けて、いま述べたばかりの人口の地域分布の変化を追いかけてみよう。口絵2、口絵3、口絵4は、二一世紀に予測される人口増加を三段階のカルトグラム(統計数値を地図として視覚化したもの)で表現したものである。ここでは、人口の増加が地図の面積の拡大として示されている。口絵の番号順に視線をずらして、アニメーションのように見ていただきたい。カルトグラムでは地図の形状が歪むので不気味な印象を与えるが、アフリカの人口増加の勢いが実感できるだろう。これらの三つの地図では、二一世紀の百年間に世界の人口が一・八倍になり、なかでもアフリカの人口が五倍に増えることが表現されている。

二〇〇一年にはアジアの人口が世界の六割を占めていた。しかし、二〇六〇年代にはアジアの人口は世界の五割、アフリカのそれは三割を占めるようになると予想される。そして、二一〇〇年にはアジアとアフリカの両地域の人口が世界の人口のおよそ四割ずつを占める形で、ヨーロッパと南北アメリカを圧倒するのである。

冒頭の問題に戻ろう。このようなアフラシアの人口の成長は、私たちにとって脅威なのだろうか、それとも好機なのだろうか。百年後の世界における日本の位置は、いったいどうなっているのだろう。この国は、膨張するアフラシアの一員なのだろうか、それとも縮小する西洋の同盟者なのだろうか。大波に飲み込まれるのだろうか、それとも孤立するのだろうか。もしかすると、世界の亀裂を修復しようと奮闘しているのかもしれない。

このようなことを考える素材として、本書では、なぜ人口に着目するのかから始まって、これからの時代の変化を左右する様々な要因をできるだけ冷静に検討していきたい。そのためにデータを示し、地図を描き、歴史を考えていく。いま力をつけつつあるアジアが、来世紀に向かって追い上げるアフリカと対話する準備を整えていくために、こうした作業が緊急に求められていると思う。

本論に入る前に、本書の三部立て九つの章の議論の流れを予告しておこう。

第一部「二一〇〇年の世界地図」では、アフリカとアジアを中心に世界の人口動態について考える。提示される地図とグラフを、じっくりと見ていただきたい。第一章では、二二世紀に向かって世界の人口分布がどう変化する可能性が高いかを示していく。アジアの人口が世界の人口の四割、アフリカの人口も四割を占める状況が到来しそうであること、そして、アフリカの国々において生産年齢人口の拡大が予想されることを確認する。

このような人口予測は、どの程度まで信頼できるのだろうか。第二章では、長期的な人口予測の確からしさと、人口変化の主な要因について議論する。世界は人口が急増する国々と急減する国々に分かれていくことになるが、前者から後者に人口が自由に移動できるならば、理論的には、世界の人口分布は均質になるかもしれない。そこで第三章では、世界の人口移動のトレンドを見る。自主的に、あるいは強いられて、人々はアフラシアの内部において活発に移動し始めている。

第二部「後にいる者が先になる」では、アフラシアの歴史と社会経済について考える。第四章では、ユーラシア大陸の経済史を、東洋と西洋の「追いつ追われつ」の関係史として概観する。西方から東方へと、経済成長の重点が回帰しつつあることが確認される。

ここで、ユーラシア大陸の東西を結ぶ軸の南側に、インド洋の東西を結ぶアフラシアの軸を付加してみる。第五章では、アフリカの大陸世界と東南アジアの海洋世界に共通する特性として、社会の流動性と可塑性の高さに着目する。キーワードは、マレーシアで生まれたインド系の哲学者チャンドラン・クカサスの言う「自由な群島」である。第六章では、ここまでの議論を総括する形で、アフラシアの経済発展の未来を展望する。アフリカとアジアの発展の径路は分裂していくのだろうか、それとも収斂していくのだろうか。どちらのシナリオが優勢になるにせよ、人々の問題解決能力を涵養することが重要である。

第三部「アフラシアの時代」では、アフリカとアジアの国際関係と文化について論じる。成熟するアジアが成長するアフリカを恐れるべき理由はない。第七章では、アフラシアの汎民族主義の思想の特質を描く。二〇世紀、特定の国民国家の解放ではなく、「南」の諸民族の横断的で広域的な連帯を唱えた一群の思想家たちがいたことに注目する。第八章では、イスラーム世界の平和がアフラシアの平和の礎となることを確認する。そして第九章では、アフリカとアジアの相互的なコミュニケーションの形について論じる。国際的なコミュニケーションの道具として、私たちはヨーロッパ起源の言語をよく使っているが、その選択の正しさは必ずしも自明ではない。道具は意識的に選び取らなければならない。

終章では、アフラシアという共同体を想像し、それを実現させることが可能かどうかについて、「非アフラシア世界」と私たちの関係性を意識しながら、本書の全体を総括する議論を行う。アジア主義ではなく「アフラシア主義」を唱えるべき根拠についても、一定の結論を出すことにしたい。アフラシアという枠組みは「反西洋」なのだろうか。最終的には、そのような問い自体が意味をなさなくなっていくだろう。

旧来と同じ羅針盤が使えなくなってきている今だからこそ、遠近法による地理的空間の奥行きのなかで未来を展望することの意義を強調し、本書を締めくくることにしたい。

# 目次

はじめに

第一部　二一〇〇年の世界地図 …… 1

第一章　二一世紀に向かう人口変化　2

第二章　定常状態への軟着陸　27

第三章　新たな経済圏と水平移民　51

第二部　後にいる者が先になる …… 71

第四章　ユーラシアの接続性　72

第五章　大陸と海のフロンティア　93

第六章　二つのシナリオ　119

第三部　アフラシアの時代……133

第七章　汎地域主義の萌芽　134
第八章　イスラーム　149
第九章　「南」のコミュニケーション　165
終章　共同体を想像する　179

あとがき　203
参考文献

巻頭口絵　中部大学中部高等学術研究所国際ＧＩＳセンター製作協力

# 第一部　二一〇〇年の世界地図

# 第一章　二二世紀に向かう人口変化

## 百年という単位

この章では、二一〇〇年の世界地図を描いてみよう。二一〇〇年といえば、二一世紀の最後の年であり、二二世紀の戸口に立つ年である。そこまで時間が経過すれば、今から百年後、つまり二二世紀の世界の姿も鮮明に見えていることだろう。

まず、百年という時間の区切りについて考えてみたい。十進法の世界では、十年、百年、千年が数字の区切りになるのは自然である。しかし、一人の人間が活動できる期間はせいぜい数十年だ。人間の平均寿命が百歳を超えるようになれば、百年前の記憶を語る人も増えてくるだろうが、まだそういう時代ではない。

百年という期間は、個人の経験よりも、世代のドラマを描くのにふさわしい。ガルシア・マルケスの小説『百年の孤独』は、南米コロンビアの架空の村の誕生から消滅まで、大家族の百年の歴史を描いた奇譚だった。個人的な話をすると、筆者が一緒に暮らしていた祖母は、たまたま西暦一九〇〇年に生まれた。二〇世紀前半の日本史と世界史の出来事を年表を見ながら記憶する際に、一九六一年生まれの自分には、祖母の思い出話が格好の尺度になっていた。

未来に目を向けると、いま学校に通っている子どもたちの、その子どもたちの世代の者は、二二世紀の初めの世界を目撃している可能性が高い。自分の一生の長さを超えて、少しばかり過去と未来に向かう想像力を働かせるには、百年という期間はちょうどよい長さではないだろうか。今から百年前、そして百年後は、自分にとってまったくの他人ではない人たちが生きていた、あるいは生きているであろう時間だからである。これが千年紀となると、物語から生活の具体性が消えてしまう。

十年ではなく百年を単位として物事を考えたくなるのは、時代の転換期かもしれない。幕末から明治維新にかけて日本の未来に思いを巡らせた知識人たちは、それまで徳川幕府が二五〇年ほど続いていたことを自覚していただろう。自分たちが築き上げつつある新しい体制には百年、二百年と持続する見込みがあるのか——これはとても切実な問いだったのではないだろうか。

天保五年末(一八三五年初)に生まれた福沢諭吉は、一八七五年の『文明論之概略』において、次のように記している。

利害得失を論ずるは易しといえども、軽重是非を明にするは甚だ難し。一身の利害を以て天下の事を是非すべからず、一年の便不便を論じて百歳の謀《はかりごと》を誤るべからず。多く古今の論説を聞き、博《ひろ》く世界の事情を知り、虚心平気、以て至善の止まる所を明にし、千百の妨碍《ぼうがい》を犯して、世論に束縛せらるることなく、高尚の地位を占めて前代を顧み、活眼を開《ひらき》て後世を先見せざるべからず（福沢諭吉『文明論之概略』岩波文庫、一九九五年、二四―五頁）。

自分一人の利害、一年間の便益によって、優先順位の判断、そして公共の是非を間違えてはいけない。世論に流されず、歴史に学び、世界を知り、平静な心で百年の戦略をたてなければならない。福沢が言う通りである。本書のテーマに照らして考えると、福沢ら当時の知識人たちが選び取った「脱亜」の方向性が適切だったかどうかは疑わしい。ともあれ、福沢を含む明治の知識人たちにとって、世界をよく観察し、百年の計をたてていくことは、時代の切実な要請だったはずである。

## 二二世紀への方向感覚

二一世紀前半の今、古い秩序は崩れたけれども新しい秩序は見えず、人々は世界の各地で、自分たちの繭に閉じこもろうとしているように見える。そんな時代だからこそ、短期的な「利害得失」を超えて、これから百年の方向性を考えながら、「軽重是非」の価値観について議論することが避けられなくなっている。その議論を前に進めていくために、本書では未来の世界がどうなっているか、予想される姿をスナップショットで切り取って、それが今の私たちにとって何を意味するかを考えてみよう。

ここで見る二一世紀末の世界の状況は、いきなり到来するわけではない。ある朝、目を開けてみたら世界の姿が完全に変わっているというのは、全面核戦争や巨大隕石の衝突でもない限り、想像しにくい。そうではなくて、本書では、二二世紀のありうる姿に向かって世界のあり方が徐々に変化していく側面を把握しようと試みる。未来の像の望ましさよりも、未来が投げかける挑戦を引き受け、準備を整えようとする方向感覚の鋭敏さを問うてみたいのである。

## 二一〇〇年の人口分布

では、あらためて二一〇〇年の世界の姿を見てみよう。重要な切り口のひとつとして、地球で暮らす人間たち、すなわちヒトという種の個体の数と分布の様子を描いてみたい。二二世紀の世界では、地球上のどの場所で誰が暮らしているのだろうか。私たちはすでに、口絵2から口絵4のカルトグラムで、予想される地球規模の人口変化の様子を眺めたが、これをもう少し詳しく分解し、動態的に調べてみよう。

図1‐1は国連経済社会局人口部の『世界の人口』の中位推計を、時系列に沿ってグラフにしたものである。二〇一五年までの過去は実勢にもとづく推定（各国の人口センサスは毎年実施されているわけではないし、精度もばらばらだから、過去の世界人口はあくまで推定である）、それ以降、二一〇〇年までは予測値の推計である。この予測がどこまで確実であるかについては次の第二章で議論することにして、とりあえず、実現の確率がもっとも高いとされる中位推計を追いかける。

比較の二つの時点として、二〇〇一年と二一〇〇年、すなわち二一世紀の最初の年と最後の年を設定しよう。二〇〇一年というと、冷戦終了後に激発した世界各地の暴力的紛争はおおむね収束したものの、九・一一同時多発テロが発生し、国連でミレニアム開発目標（ＭＤＧｓ）が合意された年である。それぞれの年の数字を表1‐1に示した。これらの二時点を含めつつ、一九五〇年に始まる長期変化をグラフ化したのが図1‐1だということになる。

ここでは国ではなく、地域を単位として比較している。アジア、アフリカ、南北アメリカ、ヨーロッパ、オセアニアという区分に、特に詳しい説明は不要だろう。アジアは広大であり、東の日中および朝鮮半島から東南アジア、南アジア、中央アジア、そして中東、西のトルコまでが含まれる。アフリカには北アフリカが含まれる。ヨーロッパには西ヨーロッパだけではなく、極東ロシアまでが含まれる。オセアニアにはオーストラリア、ニュージーランドに加えて、南太平洋の島々が含まれる。

表1-1と図1-1をあわせて見ていこう。二〇〇一年の時点で、世界の人口は六二億二三四一万人だった。そのうちアジアの人口は三七億七七四三万人であり、世界全体の六一パーセントを占めていた。アジアの人口は二一世紀の前半を通じて増加していくが、図のカーブが示す通り、二〇五五年の五三億人近くをピークとして緩やかな減少に転じるとされる。二一〇〇年になると、世界の人口は一一二億人近くになるが、アジアの人口は四八億人近くで、世界の人口に占める割合は四三パーセントにすぎない。二一世紀の百年間を通じて、アジアの人口の絶対数は二七パーセント増加するけれども、世界の人口全体に占める割合は減っていくことになる。

他方、アフリカの人口は、二〇〇一年の八億三七八二万人から二一〇〇年には四五億人近くへと、二一世紀を通じて五倍以上に増加するとされる。世界の人口全体に占めるアフリカの人口の割合は、二〇〇一年には一三パーセントだったが、二一〇〇年には四〇パーセントに上昇している。口絵4が示す通り、その存在感は目覚ましいものになっているだろう。

南北アメリカの人口は、二〇〇一年の八億四九一六万人から二一〇〇年には一二億人強に増える。その内部では、ラテンアメリカ・カリブ諸国の人口は三四パーセント上昇し、米国・カナダの人口は五八パーセント上昇すると想定されている。ヨーロッパの人口は、同じ期間に七億二七三六万人から六億五〇〇〇万人ほどに減少し、オセアニアの人口は同じ期間に三一六六万人から七〇〇〇万人強に上昇するとされる。

大きな数字を確認しておこう。二一〇〇年の時点での世界の人口は、アジアで暮らす人々が四八億人、アフリカで暮らす人々が四五億人となり、それぞれ世界の人口の四三パーセント、四〇パーセントを占めるというのが国連人口部の予測である。正確な数字がこの推計通りになるかどうかはともかく、本書の出版(二〇一九年)から百年後の二一一九年の人口分布を想像すると、世界の人口の四割(またはそれ以上)がアフリカで暮らし、およそ四割(またはそれ以下)がアジアで暮らし、残りの二割がその他の場所で暮らすという構図になっていることは、図1-1のグラフの流れを見る限り、かなり確からしいように思われる。

## 国ごとの分布

地球の外から地球を眺めると、大陸の地面はひと続きに見えるし、海洋もひと続きに見える(口絵1)。陸地に縦横に国境が走り、海洋の支配権をめぐって集団が旗を振って争い、人間の個体の移動が制約されているという状況を外部から観察すると、たいへん奇異に思えるかもしれない。

しかし、地球で暮らす人々は国民国家という箱のなかで生きており、その現実はすぐには変

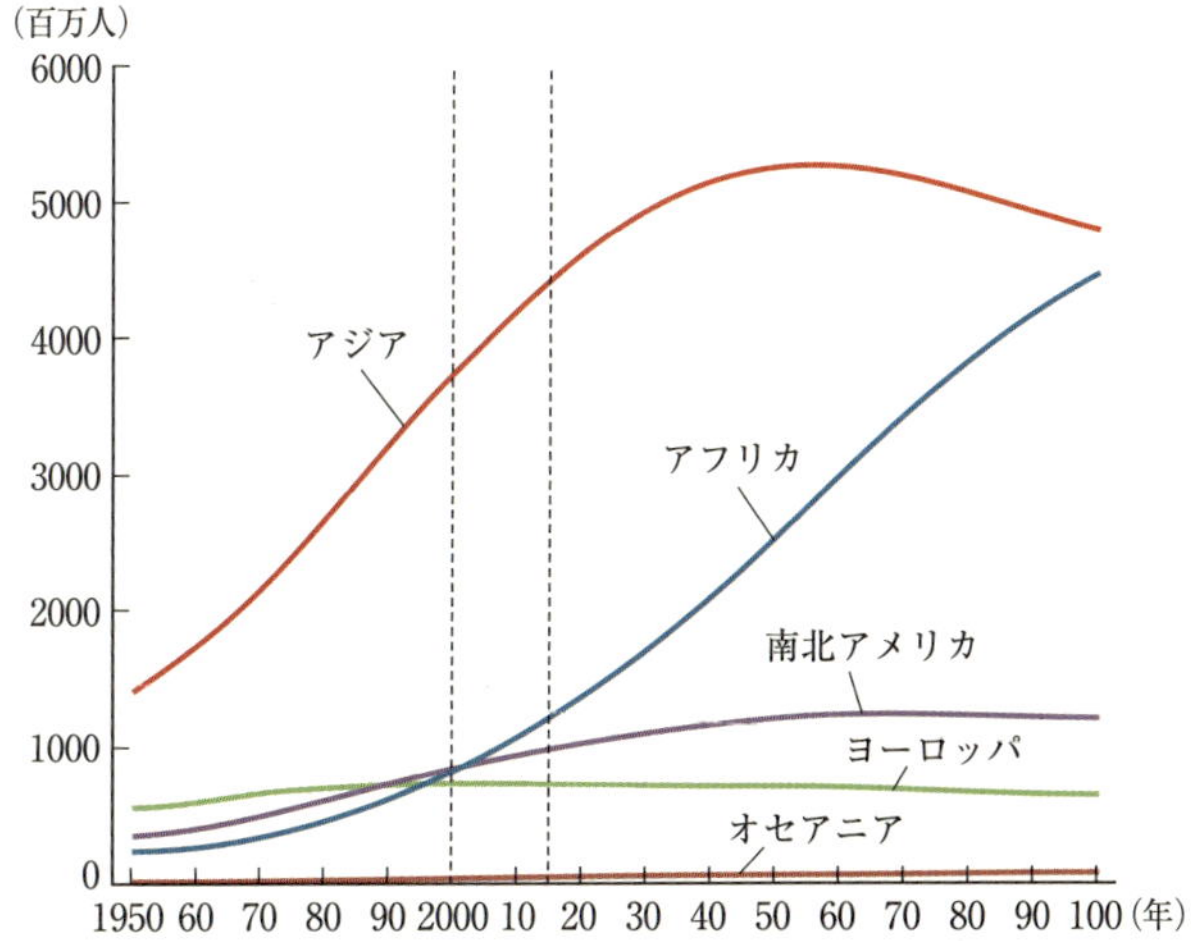


**図 1-1　地域別の人口変化**

注：2015 年までは実績値の推定，それ以降は予測値の中位推計
出典：United Nations, Department of Economic and Social Affairs, Population Division, *World Population Prospects: The 2017 Revision*. https://population.un.org/wpp/Download/

**表 1-1　21 世紀の人口変化予測**

| 地　域 | 2001 年 | % | 2100 年 | % |
|---|---|---|---|---|
| 世　界 | 6,223,412 | 100 | 11,184,368 | 100 |
| アジア | 3,777,425 | 61 | 4,780,485 | 43 |
| アフリカ | 837,821 | 13 | 4,467,588 | 40 |
| 南北アメリカ | 849,155 | 14 | 1,211,210 | 11 |
| ヨーロッパ | 727,355 | 12 | 653,261 | 6 |
| オセアニア | 31,657 | 1 | 71,823 | 1 |

単位：千人
出典：図 1-1 と同じ

わらないだろう。私たちは初対面の人に「どこから来ましたか」と尋ねる。そこで国の名前が返ってくると、私たちは、その場所の世界地図上の位置、およその地形、気候、文化などを直感的に理解し、そこから対話が始まる。

そこで、二一世紀の人口変化を国を単位に見ていくことにしたい。図1-2と図1-3は世界各国の人口のツリーマップである。これらは各国の人口規模をブロックの面積で表し、地域ごとにすき間がないように並べたもので、人口が多い国が右上に、人口が少ない国が左下に位置する。日本から見ると、西隣の中国が経済力でも人口規模でも圧倒的な存在感を示すようになってきたが、地球全体を俯瞰してみると、二〇〇一年の主要な人口大国は中国単独というわけではなく、中国(一二・九億人。この国連統計では台湾・香港・マカオは含まない)とインド(一〇・七億人)が並び立っていた(図1-2)。次に、二一〇〇年の人口分布に目を移すと、インド、パキスタン、バングラデシュという南アジア三国の存在感が大きくなり(合計で二〇・四億人)、東アジア諸国の存在感は低下する(中国の人口は一〇・二億人)。そして、アフリカ諸国の人口規模が全体としてアジアと並び立つ状況になっているだろう(図1-3)。

二一〇〇年の日本の人口は八五〇〇万人程度と予想されており、アフリカでは、カメルーン(九二〇〇万人)、マリ(八三〇〇万人)、ブルキナファソ(八二〇〇万人)あたりの国々の人口が日本と並ぶことになる。偶然だが、これらはすべてフランス語圏である。人口規模では日本とほぼ同じになるかもしれないこれらの国々について具体的なイメージをもっている人は、今の日本では少ないのではないか。

この期間の人口変動を、アジアとアフリカそれぞれの人口大国一〇カ国について追いかけたのが図1-4と図1-5である。二一〇〇年のアジアでは、人口規模が大きい順に、インド、中国、パキスタン、インドネシア、バングラデシュ、フィリピン、イラク、ベトナム、トルコ、日本が並び、これら一〇カ国の二一〇〇年の人口を合計すると、アジアの総人口の八四パーセントを占める。これらのすべてのアジア諸国が、近年戦乱に苦しんだイラクを例外として、二一世紀のどこかの時点で人口減少局面に入ると予想されている。少子高齢化と人口減少は、すでに議論されている通り、日本のみならずアジア諸国の全般的なトレンドである。これらの各国の動向を足し合わせた結果として、図1-1に見られるように、アジアの人口増加は二一世紀後半には頭打ちになるわけである。

アジアの動きとは異なって、二一世紀のアフリカの人口の増加は一貫して右肩上がりだと想定される。二一〇〇年のアフリカでは、人口規模が大きい順に、ナイジェリア、コンゴ民主共和国、タンザニア、エチオピア、ウガンダ、エジプト、ニジェール、アンゴラ、ケニア、スーダンが並び、これらの国々の二一〇〇年の人口を合計すると、アフリカの総人口の六二パーセントを占める。ナイジェリアの二〇〇一年の人口は一億二五四六万人(同年の日本の人口とほぼ

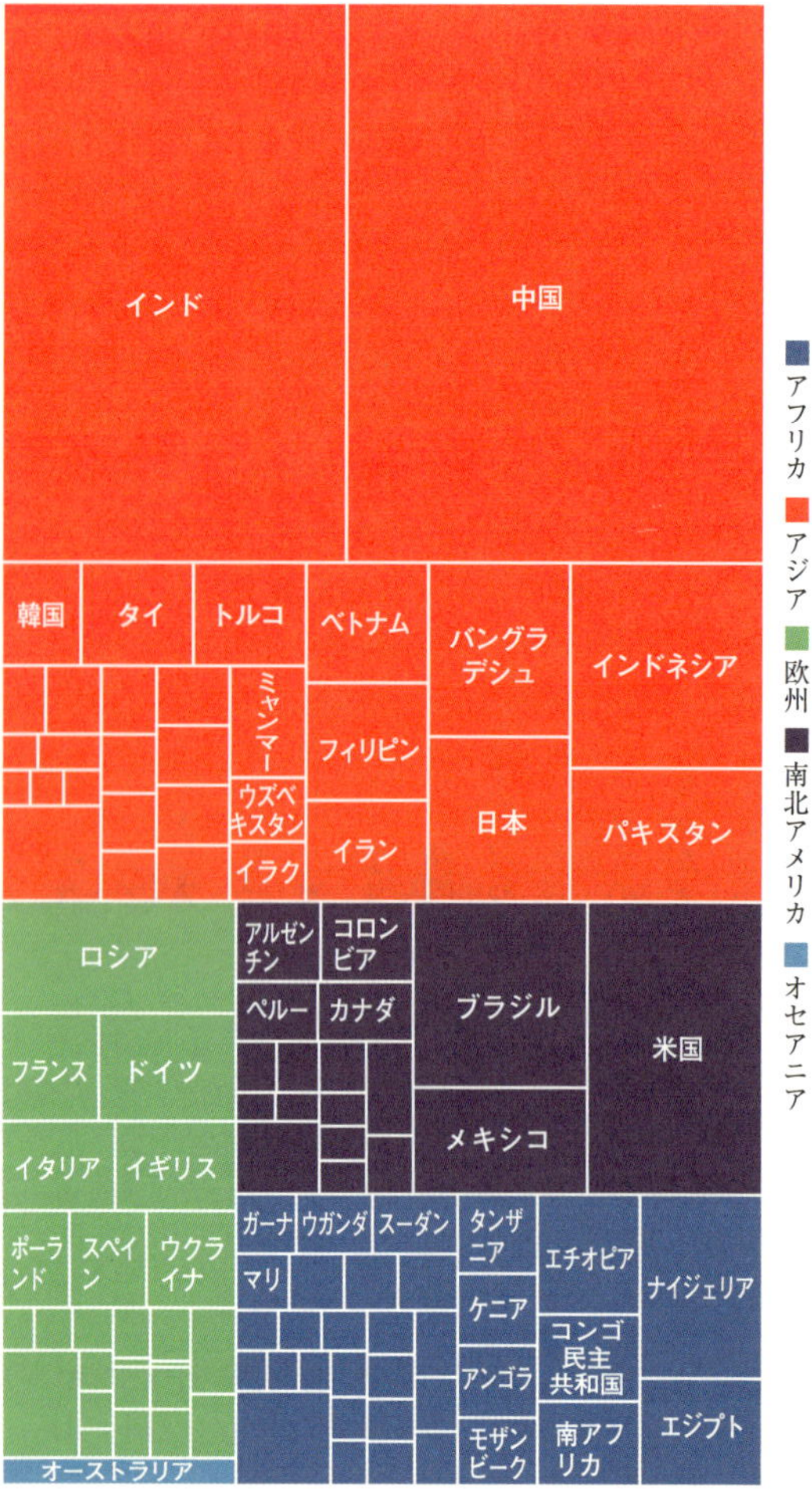


図 1-2　世界の人口分布のツリーマップ(2001 年)
出典：図 1-1 と同じ

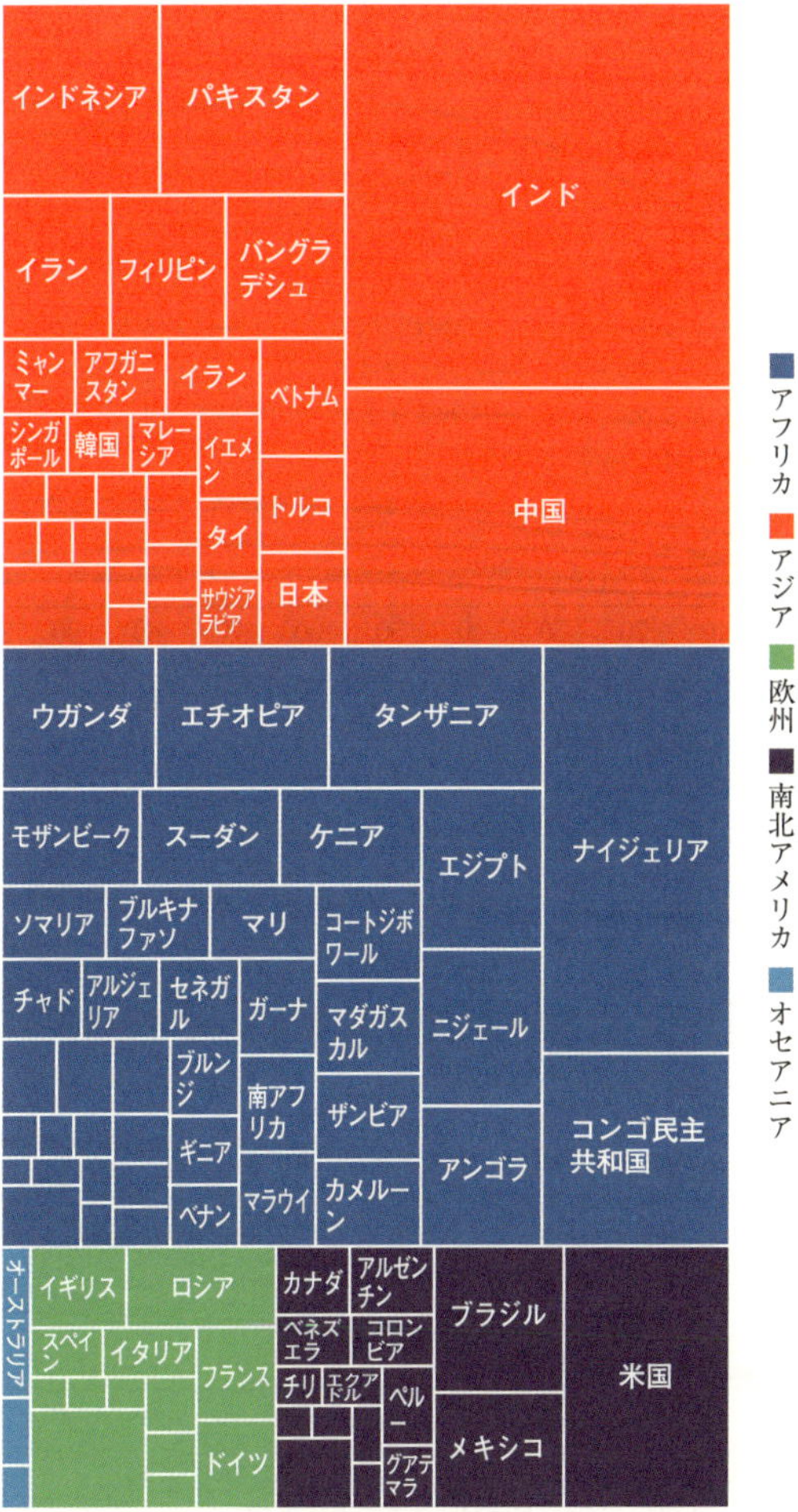


**図 1-3　世界の人口分布のツリーマップ(2100 年)**

出典：図 1-1 と同じ

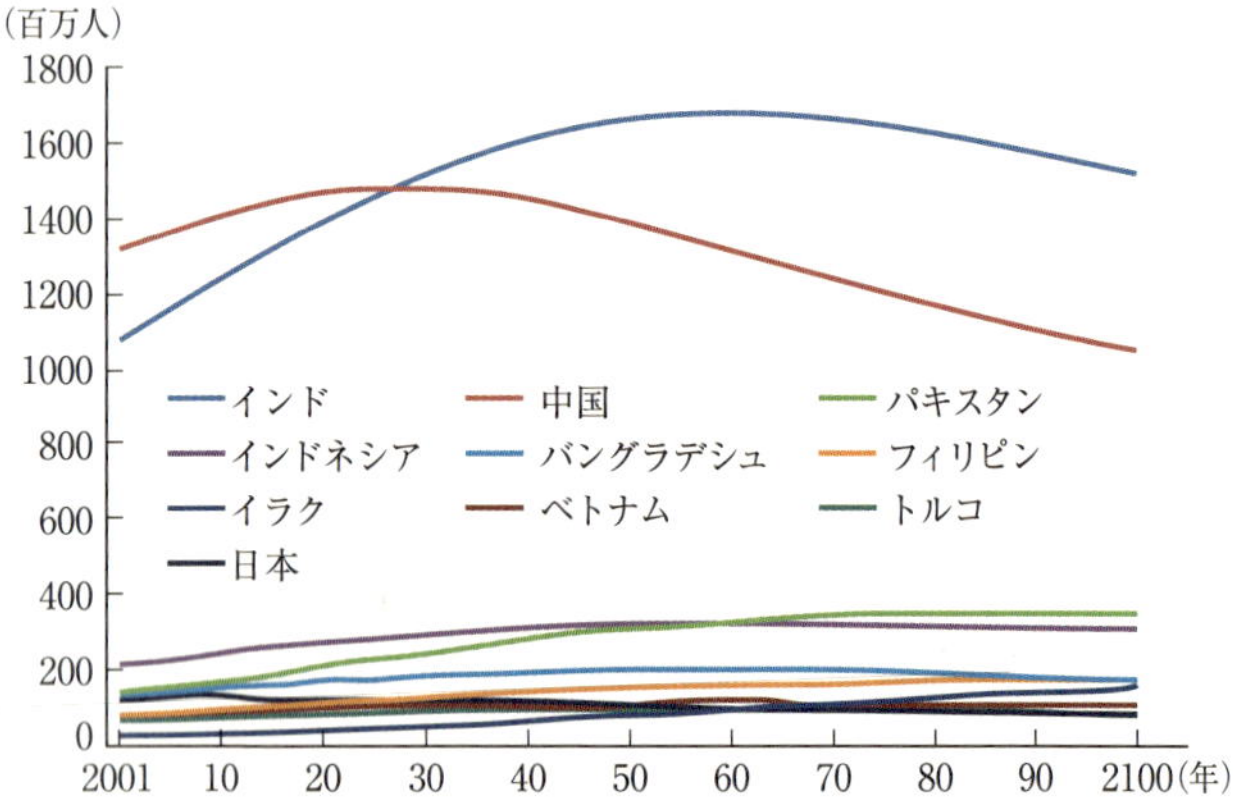


**図 1-4 アジアの国別の人口変化予測**

出典：図 1-1 と同じ

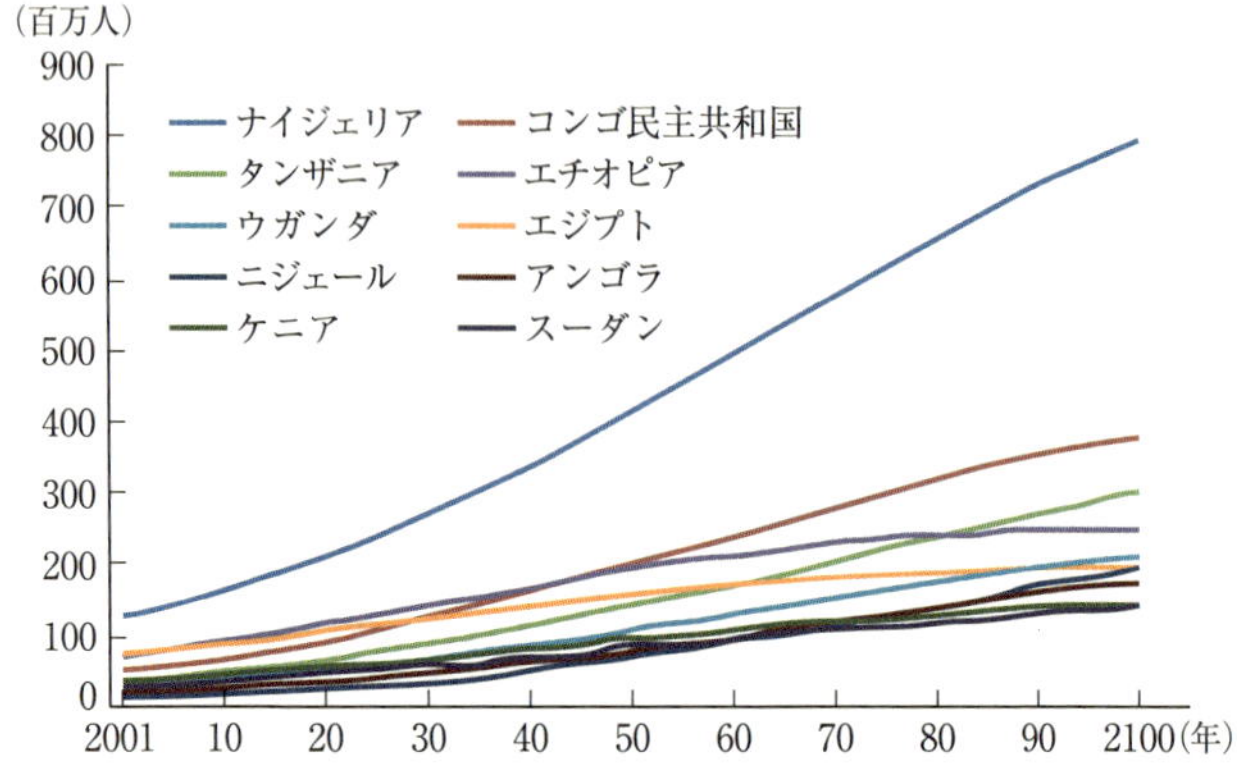


**図 1-5 アフリカの国別の人口変化予測**

出典：図 1-1 と同じ

同じ）だったが、二一〇〇年にはおよそ八億人に達するとされている。

インド、中国、インドネシアを擁するアジアと比べると、アフリカで人口規模が突出して大きい国といえば、このナイジェリアが目立つだけである。アフリカの国境線はヨーロッパ列強がベルリン会議（一八八四―八五年）で引いたものであるが、当時の植民地宗主国は統治の便宜上、大規模な植民地ユニットの登場を望まなかった。そして独立後のアフリカ諸国は、熟慮の末、既成の国境線には手をつけないことにした。その結果、現在に至るまで、アフリカ大陸では中小規模の国家が多数分立するという権力分散的な状況が続くことになっている。

二〇一九年現在、中国、インド、そしてアフリカの人口はそれぞれ、一〇億人台の前半である。アフリカは五六の主権国家に分かれているので、世界の国々の富裕度の一覧表を作成すると、アフリカ諸国が「低所得国」のグループにずらりと勢ぞろいし、気が滅入る結果になる（世界銀行の『世界開発報告』、国連開発計画の『人間開発報告書』など）。しかし、アフリカを中国、インドと並ぶひとつの国と見なすなら、アフリカはインドよりやや貧しい程度の「大国」となり、印象が変わるだろう。西アフリカのガーナを独立に導いたクワメ・ンクルマ首相も、西ヨーロッパ諸国が引いたアフリカの国境線は恣意的なものだとして、大陸の集合的な力に依拠するアフリカ合衆国の創設を夢見ていた。

しかし、アフリカの人口が四〇億を超えると、この大陸を一国と見なすのは現実的ではなくなる。それぞれの国の地理的、文化的、歴史的な個性にもっと注目していく必要がある。

### 人口ピラミッド

人口の絶対数の変化とともに、人口構成も変化していく。出生率が下がっていくと、遅かれ早かれ総人口は減っていくはずである。しかし、かつて大勢生まれた子どもたちの世代が年を重ねると同時に、栄養状態の改善や医療技術の進歩によって平均余命が伸びていくと、総人口に占める高齢者の割合が一時的に大きく膨らんでいく。いわゆる多産多死から少産少死への転換である。

人口転換のダイナミクスを知るために考え出されたものに、年齢別人口構成図、すなわち「人口ピラミッド」がある。縦方向に年齢を刻んだうえで、コホート(同年代の集団)の絶対数または総人口に占める割合を、男女別に横方向の棒グラフにしたものである。図1-6は、アフリカ、アジア、ヨーロッパの人口ピラミッドの変化の予測を示したものである(ここには示さないが、南北アメリカとオセアニアの人口ピラミッドは、アジアとヨーロッパの中間的な形態になっている)。

多産多死の社会のグラフは「富士山型」と呼ばれる形をとるが、二〇〇〇年のアフリカが典型的に当てはまる。次に、出生率が減少するとともに死亡率も減っていくと、その社会の人口

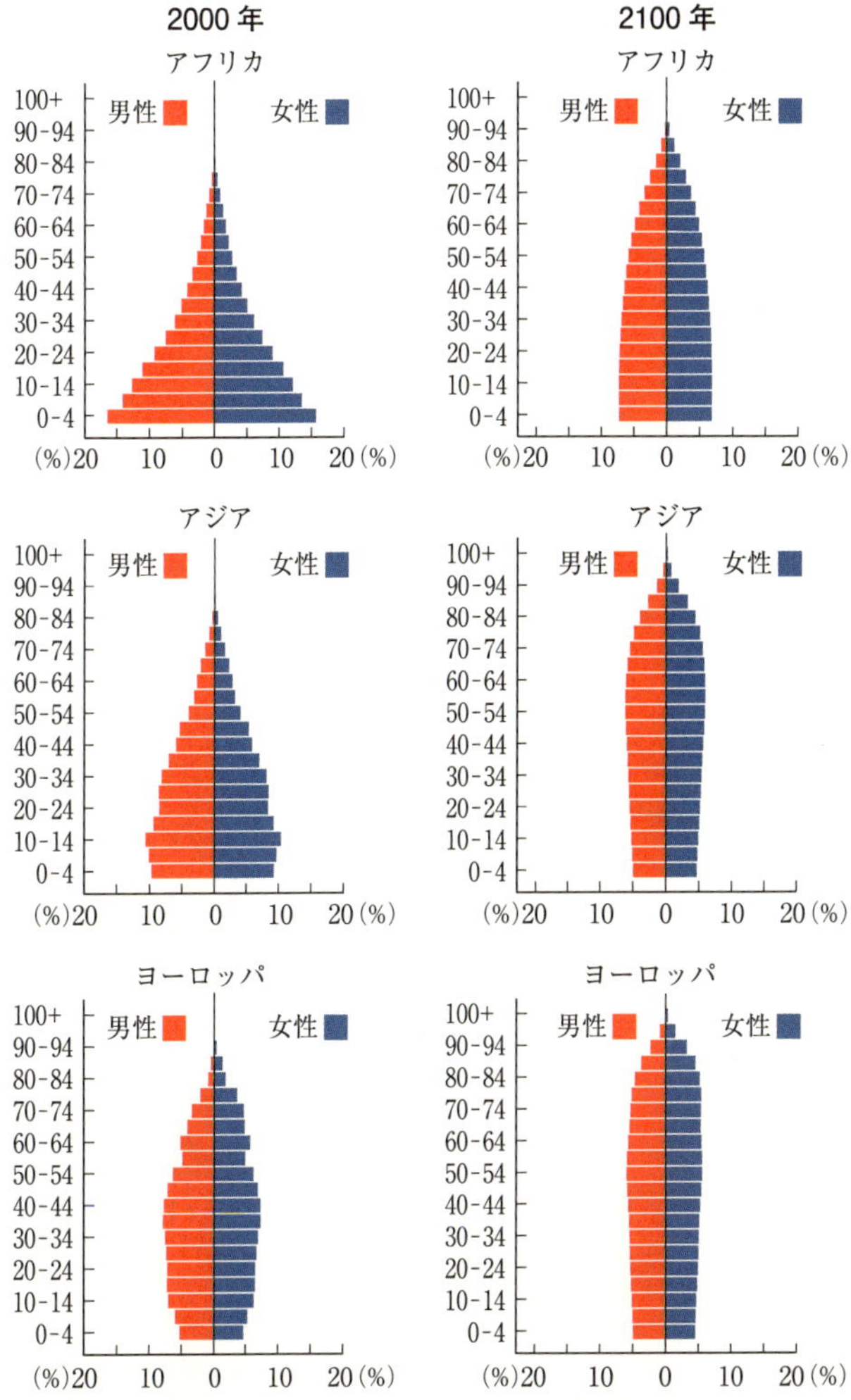


**図1-6　人口ピラミッド**

出典：図1-1と同じ（年齢別データは5年ごとなので，2000年のものを提示）

構成は「釣り鐘型」と呼ばれる形になる（経済発展とともに出生率が減少することについては、次の第二章で検討する）。二一〇〇年のアフリカの形がこれに近い。さらに進むと、出生率がさらに減少することで子どもたちの世代が細くなるが、老人は多いという、頭でっかちの「壺型」に移行していく。二一〇〇年のアジアの形が近い。なお、日本の社会科で「富士山」「釣り鐘」「壺」などというのは、形を直感的に暗記するには適切だが、世界的にはそのような言い方はしない。それぞれの典型的な形状を、変化しつつある人口構成の段階としてとらえて、拡張型、定常型、収縮型などと言うことが多い。

現在のヨーロッパの人口構成はアジアの人口構成の未来、現在のアジアの人口構成はアフリカの人口構成の未来になっていると考えたくなるが、図1-6では実際にそれに近くなっている。

すべてのコホートのうち、一五歳から六四歳までを生産年齢人口と規定しよう。非生産年齢人口（従属人口）は、扶養される（あるいは社会的な再分配の対象となる）子どもたちおよび高齢者の人口であり、一四歳までと六五歳以上とする（世界の標準的な定義に従う）。そして、各地の生産年齢人口が人口に占める割合を計算してみる。この割合の変化を二〇世紀後半から二一世紀全体を通じてグラフにしたのが図1-7である。今世紀後半のアフリカの「人口ボーナス」（豊富な労働力）の存在が明瞭に見てとれる。二一〇〇年の生産年齢人口の割合は、アフリカが

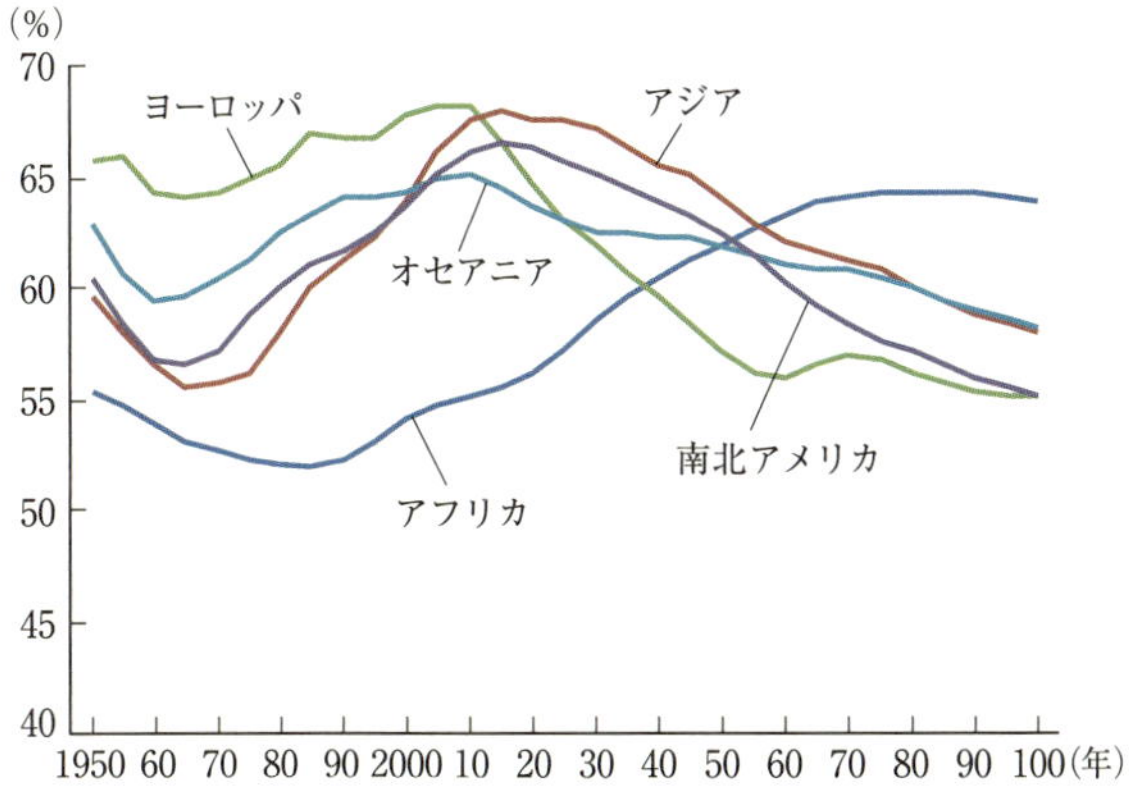


**図 1-7　生産年齢人口の割合**

出典：図 1-1 と同じ

六三・八パーセント、アジアが五八・〇パーセント、日本は五一・二パーセントである。

高齢者に関する数字も引いておこう。日本の総人口に占める六五歳以上人口の割合は、二〇一五年の二六・〇パーセントから、二一〇〇年には三五・五パーセントに上昇すると予測されている。他方、二一〇〇年のアフラシアの他の国々の高齢者人口の割合の予測値を見ると、中国が三一・八パーセント、インドが二五・九パーセント、インドネシアが二三・五パーセント、南アフリカが二二・七パーセント、イラクが一四・三パーセント、ナイジェリアが一一・三パーセントなどとなっており、アフリカ全体では一四・六パーセントである。アフリカは、百年後にもなお深刻な高齢化には直面していないことになる。

未来のアフリカでは、これからアジアが本格的な少子高齢化に直面するのとは逆に、「人口ボーナス」によって経済成長が加速していくかもしれない。しかし、そうならない可能性もある。仕事がない若者たちが都市のスラムに滞留する状況になっているかもしれない。

### アフリカとアジアの不平等

アフリカとアジアで暮らす人々が世界人口の多数派を占めるようになる。とりわけ、アフリカの人口の膨張は急激である。このような流れが見えてきた今、アフリカ人とアジア人がありうべき未来についてどのような対話を組織するかによって、これからの世界の形が決まっていく――これが本書の核となるメッセージである。本書の残りの部分では、このような対話の素材として、地球のなかの両地域で生きる人々が直面している深刻な課題を多面的に提示していくことにしよう。

図1-8は、世界の所得分配の近年の劇的な変化を、経済学者トマ・ピケティらのグループが図示したものである。地域や民族の不平等が存在しない完全にフラットな世界においては、世界人口の一〇パーセントを占める地域は、所得分布の下位でも中位でも上位でも、同じように一〇パーセントを占めるはずである。つまり、この図に現れる地域の境界線は水平になり、平べったいサンドイッチのような形状が示されるはずである。

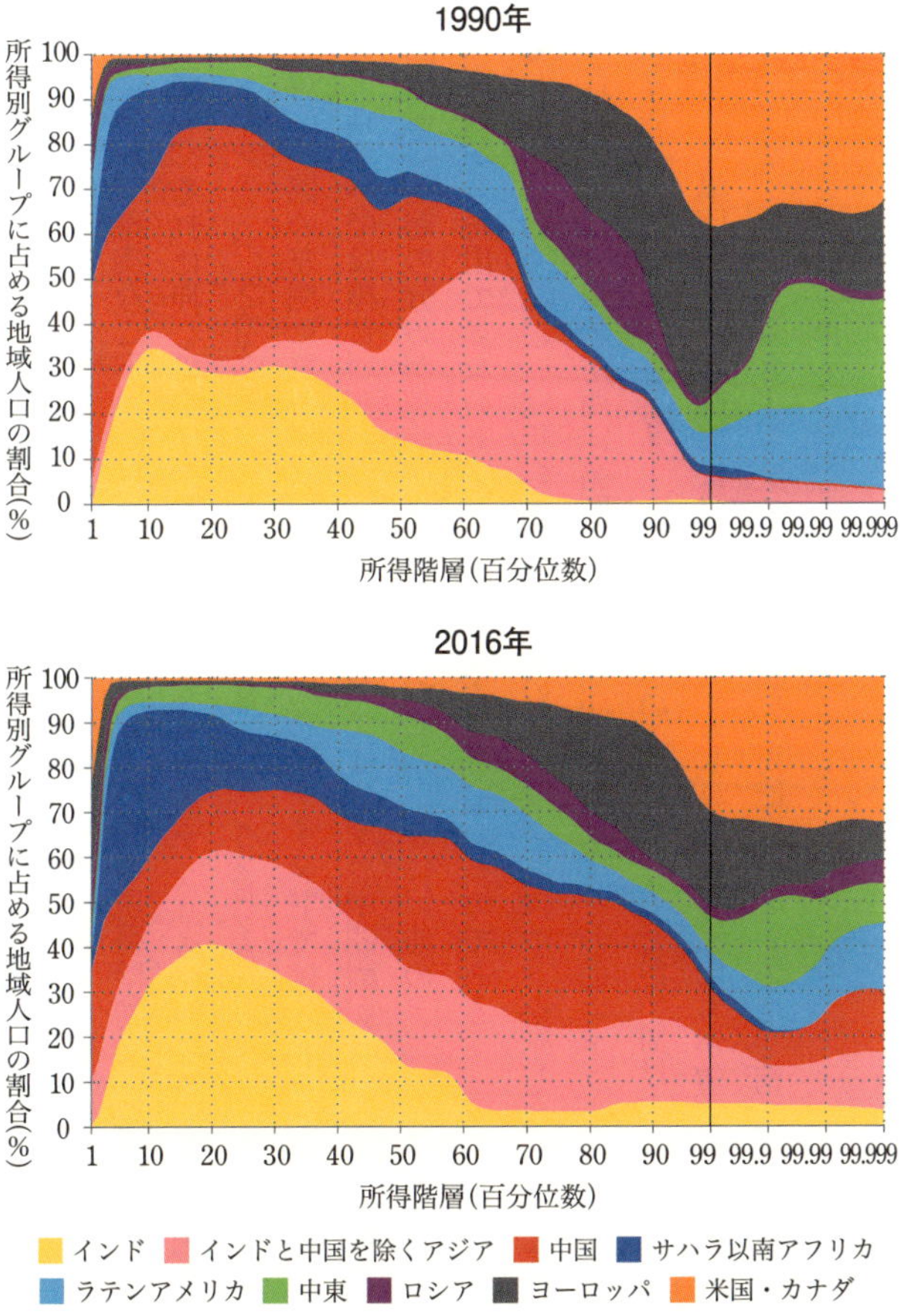


**図 1-8　世界の地域別所得分配(1990 年，2016 年)**

出典：*World Inequality Report 2018*, pp. 52-3. https://wir2018.wid.world/

一九九〇年と二〇一六年を比較すると、世界の所得分布は実際にフラットになりつつあるように見える。しかし、これらの図をよく見ると、これから世界の人々の所得が本当に平等化していくのか、確実なことは言えない感じがする。中国の所得階層の重心が右側に大きく移動する反面で、それに押し出されるように、サハラ以南アフリカと「インドと中国を除くアジア」(インドネシア、パキスタン、バングラデシュ、日本、フィリピンなど多くの国々が入る)では、所得階層の重心が図の左側に移動してきている。同時に、インドでは富裕層が厚くなり、北アメリカとヨーロッパでは極貧層がやや増え、ロシアでは分厚い中間層が消えてきている。全体として中国の所得階層の分布がじわりと欧米に近づくとともに、他のアジアとアフリカの住民の多数派は底辺から脱出できないという構図が見えてきているのである。

もしかすると、二〇一六年の図は移行期のスナップショットを示しているにすぎず、この後の時代の図では、中国が西洋諸国と日本の仲間に入り、その他のアフラシアで暮らす人々の多数派は底辺に追いやられる――ただし少数のグローバルな富裕層は今よりも多人種的になる――という構図が、より鮮明に見えてくるかもしれない。私たちが望むのはそのような世界なのだろうか。アフリカとアジアの分裂と収斂の可能性については、第二部の諸章で正面から議論していくことにしよう。

## 「アフラシア」というフレーム

これからアフリカとアジアの対話の可能性を考えていく前提として、地域の呼び方を定めておきたい。日本には「アジア・アフリカ連帯」という言葉があるが、本書では逆に「アフリカとアジア」として、基本的にアフリカを先に書くことにする。どちらでもよいのだが、ひとつの理由としては、すでに述べたように、アフリカ人の人口がアジア人の人口を上回りそうな勢いで伸びているということがある。さらに、アフリカ大陸は人類の生誕の地であり、アジアで暮らす人々も、祖先は全員がアフリカで暮らしていたということを思い起こそう。共通の祖先の地に敬意を表明しようではないか。

それにしても、「アフリカとアジア」という表現は、いささか形式的に響く。対話の枠組みとして、二つの地域を包含するような単一のフレームを構想できないものだろうか。英語であれば「アフロ・アジア」(Afro-Asia)という表現がよく使われているが、二つの単語をハイフンなどで結ぶのはあまりスマートではない感じもする。

そこで本書では、アフリカとアジアを包含する地理的な単位として、「アフラシア」(Afrasia)という用語を使うことにしたい。筆者がこの言葉を目にしたのは、京都の龍谷大学の「アフラシア平和開発研究センター」(現在は「アフラシア多文化社会研究センター」)が最初だった。インド研究の長崎暢子さんなどがセンター長を務めておられたが、二〇〇五年のセンターの設立にかかわったアフリカ研究者の落合雄彦さんの話によると、アフリカとアジアの地域研究者が集まる共同研究の空間にふさわしい名づけとして、両地域を結ぶひとつの「圏域」を指し示す言葉を提案されたとのことである。

似た言葉だが、ユーラシア(Eurasia)は、ヨーロッパとアジアを包含する大陸塊として地理的に定義づけることができる。「ユーラシア主義」といえば、両大戦間期に主としてロシア人の亡命知識人が唱えた思潮である。それは、ヨーロッパ中心主義とボリシェヴィズムの双方を批判しつつ、ヨーロッパとアジアの二元論を超克するハイブリッドな存在として、ロシアの文明史的な可能性を構想するものだった。戦前日本の「近代の超克」が、脱亜論とアジア主義を都合よく統合する日本ナショナリズムへと傾斜していったのと、思想としては並行する動きだったのかもしれない。

アフラシアという言葉を本格的に使ったのは、おそらく、歴史家のアーノルド・トインビーが最初ではないだろうか。トインビーは大著『歴史の研究』(一九三四–五四年)の最初の巻において、広大な「ユーラシア・ステップ地帯」(ギリシアはその西端に位置する)に並行し、その南側をアラビア半島から北アフリカにかけて東西に走る「アフラシア・ステップ地帯」について論じている。アフリカとアジアが地理的に結びつく中東・北アフリカの空間を、トインビーはアフラシアと名付けたのである。この歴史家にとってアフラシアは、シュメール文明とエジプト文明を生み出した「文明のゆりかご」であった。氷河時代の後、およそ一万年前にアフラシアは乾燥化の時代を迎えた。トインビーによれば、これらの大文明が誕生したのは、激しい環境変化という挑戦にアフラシアの地方の住民が創造的に反応した結果だったのだという。

これとは異なる場所をアフラシアと呼んだのが、米国の歴史家マイケル・ピアソンである。ピアソンは一九九八年の著作で、アフリカとアジアの文化的なハイブリッド化が海洋地域において生じたところに着目し、インド洋西部のアラブ・スワヒリ世界を「アフラシア海」と呼ぶことを提唱している。東アフリカをインド洋沿岸と呼ぶと、歴史の見方が歪んでしまう。そこはインドの名を冠した大海の辺境ではなく、活発な交易と移民を通じてアフリカとアジアが混じり合う小宇宙だったからである。

二〇一三年、ケニア出身の平和研究の泰斗アリ・マズルイは、エチオピア出身の国際関係学者セイフデイン・アデムとともに、正面から『アフラシア』という表題をつけた書物を世に問うた。アフリカとアジアが内部に多様性を抱えながらも、急速なグローバル化のもとで一体性を強めていることを論じるもので、本書は二〇一四年に亡くなったマズルイの遺著のひとつとなった。この本は、中国とアフリカ、インドとアフリカをめぐる国際関係の議論を拡張し、アフリカとアジアの関係を「面と面」でとらえようとしたものである。

このような用語法を踏まえつつ、本書ではアフラシアという言葉を、さしあたり地理的な枠組みとして理解しておきたい。本書の第二部と第三部では「アフラシア主義」とでも呼ぶべき考え方を提示することになるが、それまでは、アフリカとアジアを単純につなげた地理的概念として理解していただければ十分である。

## シナリオの確からしさ

さて、この章では、アフラシアで暮らす人々が世界の人口の多数派を占めるというシナリオを検討してきた。しかし、ここで見てきた二一〇〇年の人口分布の形状は、すでに決定しているというわけではない。国連の人口学者のチームが提示した推計値は、計算の結果、その可能性が高いことがわかったというだけのことである。

では、このシナリオに向かう流れは、どこまで本当に確かなものなのだろう。細かい数字はともかく、アジアの人口増加が頭打ちになり、アフリカの人口が激増するという予想そのものは、かなり確実だと考えてもよいのだろうか。それとも、アジアの人口が増え続ける一方で、アフリカの人口がまったく増えないという逆のシナリオも考えられるのだろうか。

そもそも、百年間の人口変化を決める要因は、いったい何だろうか。これらの要因は、どこまで操作できるのだろうか。続く第二章と第三章では、これらの問題を考えていくことにしたい。

# 第二章　定常状態への軟着陸

## 人口変化の決定因

人口の変化がかなりの確度で予想できるのは、変化の速度と程度に直接影響を与える変数が限られているからである。人口の規模は、社会に参入する者の数と、そこから退出する者の数で決まる。そして、この出入りを左右する変数は三つに限られる。第一の変数は、その集団の内部にどれだけ多くの子どもが生まれてくるか、すなわち出生率である。第二の変数は、その集団の内部の人間がどれだけ多く死亡するか、すなわち死亡率である。第三の変数は、外部の集団との間でどれだけ人間の出入りがあるか、すなわち移民である。

出生率と死亡率は、戦争のような突発事件がない限り、短期的には大きく変化しないものである。人間は機械ではなく生命体であるから、出産の生産性をいきなり倍増させることはできないし、古いものの廃棄処分もできるはずがない。

そもそも、人口動態には一種の慣性効果がある。二〇年後の社会の人口構成を考えてみよう。

その時点で二〇歳以上の人々は、現時点ですでにこの世界に存在しているのだ。出生率と死亡率がわりあい安定している社会では、それらの率を既存の人口に当てはめるだけで、非常に高い確率で二〇年後から三〇年後の人口を予想することができる。GDP（国内総生産）のような経済指標は年ごとに大きく変動するが、人口はそうめまぐるしく増減するものではない。経済指標の未来予測は困難だが、人口については、ある程度まで独立変数としてゆっくりとした変化を予想できるわけである。

本書の議論が依拠する国連経済社会局人口部の未来予測についても、これが当てはまる。すなわち、二〇〇一年の口絵2から二〇五〇年の口絵3への変化はほとんど確実である。他方、二一〇〇年の口絵4の姿は、この変化の延長線上の「ありそうなシナリオ」にすぎない。口絵4ではアフリカの人口の膨張が目を引く。ただし、これはアフリカの「子だくさん」が持続する想定ではない、これから本章で議論していくように、アフリカの出生率に歯止めがかかるという想定にもとづくものであることに注意したい——出生率が下がらなければ、二一〇〇年のアフリカの人口規模はもっと大きくなっていることだろう。

なお、国連経済社会局は未来予測を定期的に更新しているので、これから年月が経過するほど、二一〇〇年の予測は正確なものになっていく。今後の数字を、読者はいつでも国連のホームページで自分で確かめることができる（https://population.un.org/wpp/Download）。もっとも、五〇年後にインターネットというものが存在しているかどうかはわからないのだが。

本章では、人口変化を左右する三つの変数のうち、死亡率と出生率の二つについて検討する。移民は政策や社会変動によって短期的に大きく左右されることがある変数なので、次の章で独立して扱うことにしたい。

## 死亡率の変化

死亡率について議論する際には、平均余命(ここでは出生時平均余命。一般に平均寿命と言われるものと同じ)がよく使われる。生まれたばかりの赤ん坊が平均して何歳まで生きることができると期待されるか、という数字である。死亡率が全般的に下がれば、当然ながら平均余命は延びる。日本では一六〇〇年頃の平均余命は三〇歳程度で、これが五〇歳を超えたのはようやく一九四七年だったという(鬼頭宏『人口から読む日本の歴史』)。それが二〇一七年には女性八七・二六歳、男性八一・〇九歳に達している。近年、平均余命は香港の方が日本よりも長くなっているが、人口が億単位の国々のなかでは、やはり日本の長寿が際立っている。

平均余命はあくまで平均値であることに注意しておきたい。保健衛生が十分に整っておらず乳幼児の死亡率が高い国々や、若者が紛争や感染症のリスクにさらされている国々では、若年層の死亡率が高いせいで平均余命が押し下げられる。アジアやアフリカの村落を歩くと、波乱

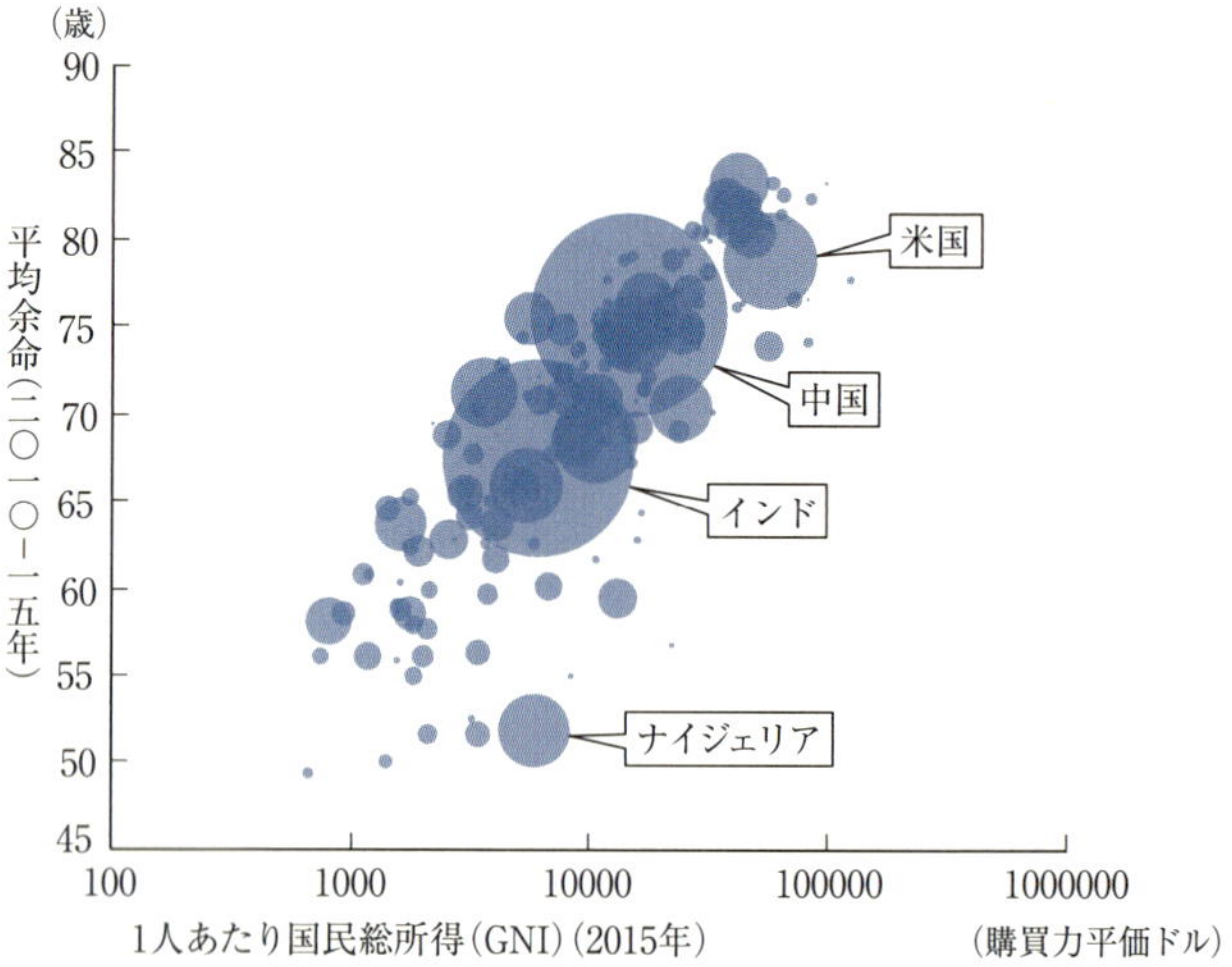


**図 2-1　平均余命と経済発展**

注：円の面積は人口をあらわす．横軸は対数値
出典：図 1-1 と同じ．および世界銀行
https://data.worldbank.org/indicator/ny.gnp.pcap.pp.cd

の人生をくぐり抜けて八〇歳、九〇歳で意気軒昂な老人たちに多く出会う。

　経済発展と平均余命には相関関係があるとされる。縦軸を平均余命、横軸を一人あたり所得として世界の国々の散布図を描くと、確かにはっきりした対応関係が見てとれる（図2-1）。所得が高くなった世帯は健康に投資して長生きするという因果関係が想定されるが、健康で生産性が高い労働力のおかげで国民所得が上昇するという逆の因果関係もあるだろう。しかし、この相関関係を正面から議論した人口学者サミュエル・プレストンによれば、平均余命の決定因としては、政策や制度の効果も大きいようである。実際、アフリカの一人あたり所得は一九七〇年代、八〇年代を通じてほとんど伸びなかったが、平均余命は一九五〇―五五年の三七・四七歳から一九八〇―八五年の五〇・四六歳、二〇一〇―一五年の六〇・二三歳と、着実に上昇してきた。

農村にまで基礎医療が普及するかどうか、都市スラムの衛生インフラが向上するかどうかは、保健衛生セクターへの国際的な開発協力、そして何よりも当該国政府の政策努力に大きく依存する。中東やアフリカの産油国には、一人あたり所得は非常に高いけれども、平均余命は向上していない国が多くある。たとえば二〇一七年について、産油国の赤道ギニアでは一人あたり所得が一万九五〇〇ドル（購買力平価）なのに、平均余命は五七・九歳である。ジャマイカでは所得がその半分以下の七八〇〇ドルであるにもかかわらず、平均余命は七六・一歳である。図2-1に見られる通り、アフリカの地域大国ナイジェリアも原油輸出のおかげで一人あたり所得が高いが（インドと並んで約六〇〇〇ドル）、平均余命の低さが目立っている。

さらに、特定の社会が平均余命の急激な短縮を経験することがある。一四世紀にヨーロッパでペスト（黒死病）が猛威をふるった際には、人口の三分の一が犠牲になったとされる。ジャレド・ダイアモンドの『銃・病原菌・鉄』（一九九七年）が描いたように、アメリカ先住民が絶滅に近い状態に追い込まれたのは、ヨーロッパの侵略者が持ち込んだ天然痘などの疾病に対する免疫がなかったためである。過去、東日本の縄文人も人口の急減を経験したが、それも大陸からの移民が持ち込んだ疾病に免疫がなかったためではないかと推測されている(鬼頭、前掲書)。二〇世紀末から二一世紀初頭にかけて、南部アフリカ地域ではＨＩＶ・エイズ(ヒト免疫不全ウイルス・後天性免疫不全症候群)により平均余命が九歳ほど短縮された。しかし、抗レトロウイルス剤の普及によって、今ではエイズとともに生きることが可能になってきている。

二〇世紀以降、世界の国々の平均余命は向上していく傾向が続いているし、とりわけアフリカにおいては伸びしろが大きい。とはいえ人間が動物である限り、自然な寿命の延びにも限度がある。体の部品を取り替えることができたとしても脳細胞は劣化するので、人類の平均余命が一五〇歳になるとは考えにくい。老人医療の進展にも依存するが、日本の平均余命あたりを上限として世界の平均余命が徐々に収斂していくというのが、ありそうなシナリオである。

なお、世界各国の平均余命ではなく死亡率それ自体を比べると、少し違う構図が見えてくる。二〇一〇年から一五年について、粗死亡率すなわち一〇〇〇人あたりの一年間の死亡者数(年齢調整をしない)を見ると、ブラジルは五・九人、中国は七・〇人、インドは七・三人、米国は八・二人、アフリカの平均は九・四人、日本は九・九人、ドイツは一〇・九人などとなっている。日本は長寿国だが死亡率は高い。理由は単純で、高齢化社会では、人生を全うする時期を迎えた人々が多いのである。他方、若者が増え続けている国では、若くして不慮の死を迎える人がいるにしても、社会から退場する人々の割合は全体として少なくなる。直感に反するかもしれないが、たとえば、無作為に選んだアフガニスタン人(粗死亡率七・一人)よりも、無作為に選んだ日本人の方が、年内に世を去る確率が高い。

いずれにせよ、人間の社会は不測の死の減少、平均余命の延長という方向に徐々に向かっている。人々が自分の長寿を予感できるようになると、そして、子どもの不測の死も少なくなっていくと、自分の人生や子どもたちの人生により多く投資する気になるという一般的な効果がある。一人一人の生命を大切にする方向に人々の価値観が変化すれば、少ない子どもを大切に育てることになり、出生率の低下にも貢献するだろう。

## 出生率の変化

死亡率の母集団はすでに存在する人口であるが、この母集団そのものの規模を決めていくのは出生率である。一家族に六人や七人の子どもがいるのが常識か、それとも一人っ子が常識かによって、一国の人口の規模は大きく変わっていく。人口の規模と構成に直接的に最も大きな影響を与える変数は、出生率だと言ってよいだろう。出生率を統計的に議論する際には普通は合計特殊出生率(TFR)が使われる。これは、ある社会の女性が生涯に出産する子どもの人数の平均値である。以下、単純に出生率と呼ぶ。

出生率が女性一人あたり六人で、この割合が変わらないとしよう。親の世代二人あたり、子どもの世代は六人となり、孫の世代は一八人となり、ひ孫(曽孫)の世代は五四人、ひひ孫(玄孫)の世代は一六二人となる。子どもの死亡率が十分に低下した社会では、出生率が六・〇の場合、一世から五世までの世代交代で人口規模がおよそ八〇倍になることが考えられるわけである。国連の人口統計によると、二〇一〇―一五年に出生率が最大だった国は西アフリカのニジェールで、七・四〇であった。

第一章で見たように、本書の議論の前提は、これから百年かけて世界の人口分布におけるアフラシアの存在感が強まり、とりわけアフリカの人口が二一世紀を通じて五倍増するという仮説だった。アフリカの急激な人口増加は、この地域の高い出生率がもたらすものである。しかし、図2-2に見られる通り、世界のどの地域でも出生率は低下傾向にあり、アフリカも一九六〇年代の六・七二をピークとして、一九八〇年代後半から明らかに低下傾向にある。二〇一〇―一五年のアフリカ全体の出生率は四・七二であり、これは戦後すぐの日本の出生率と同じくらいのレベルである。

この図2-2と、同じデータにもとづく第一章の図1-1を見比べてみよう。二一世紀後半のアフリカでは、出生率が低下しても、人口規模は膨張し続ける。なぜだろうか。主たる理由は人口構成である。相対的に出生率が高い時代に生まれた子どもたちが、出生から二〇年後、三

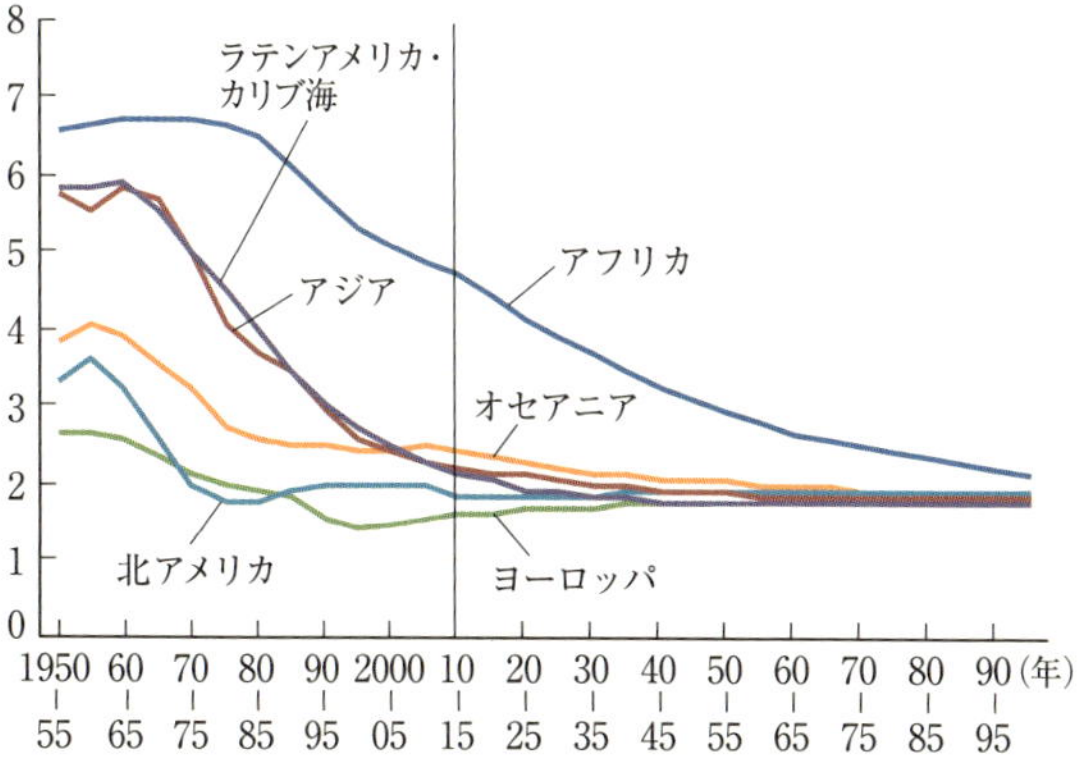


**図 2-2　出生率の低下**

出典：図 1-1 と同じ

〇年後に子どもをつくる年齢になっていく。それとともに出生率が女性一人あたり四人、あるいは三人に下がったとしても、出産年齢の母集団の人口が分厚いために、絶対的な人口規模はしばらく拡大を続けるのである。女性が五〇〇〇万人の社会で出生率が六であれば、三〇〇〇万人の子どもが社会に追加されるが、女性が一〇〇〇万人の社会で出生率が三だったとしても、やはり三〇〇〇万人の子どもが生まれることになる。

さらに社会全体の死亡率が低下していけば、人口の増加傾向はいっそう強まる。出産年齢まで存命する女性が増えるし、人々は全般的に長生きするようになるからである。

それでも、出生率が下がりながら世代が交代していけば、社会に参入する子どもの数は確実に減っていく。出生率が置換水準の二あたりで落ち着けば、人口はやがて、ほとんど増減がない定常状態に達するだろう。図2-2では、アフリカの出生率は二二世紀の初めには二・〇台の前半にまで低下すると想定されている。このシナリオの通りに進むとすれば、二二世紀中にアフリカの人口はほぼ均衡し、世界人口も落ち着くことになるはずである。

自分が死亡するタイミングを選ぶのは困難だが、子どもをつくるタイミングを選ぶのは比較的容易である。結婚するかどうか、コンドームなどの避妊具を使って家族計画を実施するかどうかは、カップルで決めようと思えば決められる。これは途上国でも先進国でも同じである。その決断の背景には様々な要因があるが、文化的、宗教的なものの他に、経済的な要因が重要な役割を果たすことは間違いない。

図2-3は、一人あたり所得と出生率の関係を見たものであるが、国が豊かであるほど出生率が低下する相関関係が明確に見て取れる。都市化が進み、子どもを産み育てるのに費用がかかる社会では、五人、六人と子どもをもうけるのは合理的な選択ではない。学費・養育費などの直接的な費用の他に、子どもがいなければ働いて得られたはずの所得が失われるといった間接的な費用もある。経済学者アマルティア・センが『自由としての開発』(一九九九年、邦題『自由と経済開発』)で強調した通り、貧しい国々において出生率を下げる有力な方法は、単に避妊手段を普及させるだけではなく、女性が教育を受け、家庭の外でも働けるようにすることであ

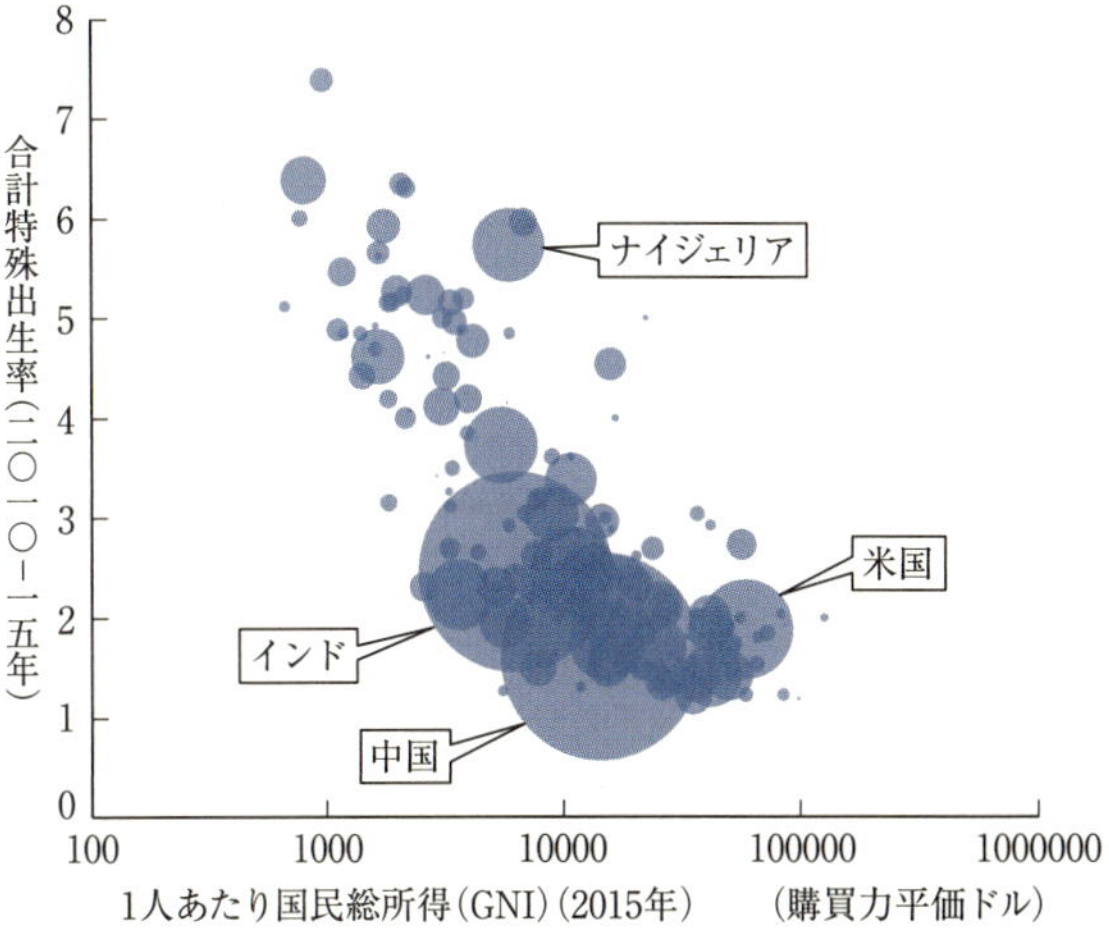


**図 2-3　出生率と経済発展**

注：円の面積は人口をあらわす．横軸は対数値
出典：図 1-1 と同じ．および世界銀行

る。

日本の出生率が上がらない理由を、私たちは感覚的によく知っている。子育てはお金と手間がかかる。そして、子育ての他にもやりたいことがある。アジアやアフリカの都市中産階級の人々と話をしてみたらわかるが、かれらもまったく同じ理由で、むやみに子どもをつくろうとはしない。「高い買い物」をする場合、どこで暮らしていても、多くの人々は合理的に判断するものである。

さて、アフリカの出生率は今後も着実に低下していくのだろうか。国連人口部は、アフリカの出生率が二一世紀の末までに二・一四に低下するという想定が実現せず、二・六三までしか下がらないという高位推計のシナリオも提示している。この場合、二一〇〇年のアフリカの人口は中位推計の四四億六八〇〇万人ではなく、六二億四〇〇〇万人に達する。アフリカの若者たちの多数派が家計の未来を計画できない状況に追い込まれたら、アフリカの人口はさらに積み増しされていく可能性があるのだ。この高位推計のもとでは、口絵4のカルトグラムのアフリカの面積が一・四倍になる。

いずれにせよ、人類は終わりのない人口爆発を経験しているわけではない。アフリカの人口増加を心配しすぎる必要はない。出生率は世界各地で低下する傾向にあり、アフリカも例外ではないのである。それでもアフリカの人口は、少なくとも二一世紀の後半までは大きく増えていくだろう。二二世紀に期待される均衡までにアフリカの人口はどこまで増えるのか。それはアフリカにおける出生率がどのくらい低下するかに左右されるし、それは究極的には、アフリカの経済発展と貧困削減がどこまで達成できるかに左右されるだろう。

## 出生率を変える政策

人口転換を軌道に乗せる王道は貧困削減であるが、政策や国民の動員によって出生率に直接影響を与えることもできる。図2-4は、BRICS（ブラジル・ロシア・インド・中国・南アフリカ）諸国とイスラエルの出生率の変化を描いたものである。

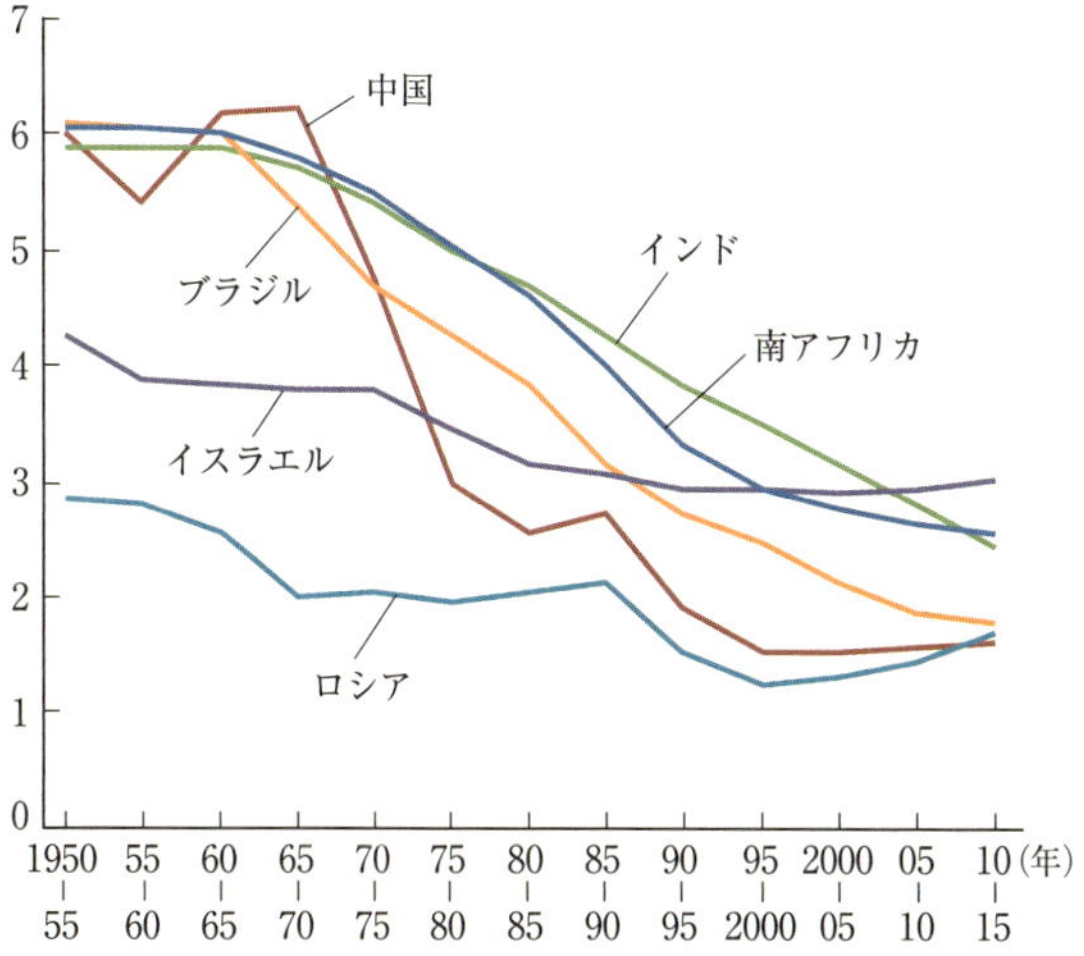


**図 2-4　BRICS 諸国とイスラエルの出生率**

出典：図 1-1 と同じ

高い出生率は途上国に固有の現象だと思われるかもしれないが、出生率を吊り上げる同時代の実験室になっているのがOECD(経済協力開発機構)に加盟する先進国イスラエル――西アジアに位置するアフラシアの国のひとつ――である。二〇一〇―一五年の同国の出生率は三・〇四と、OECD諸国では群を抜いて高く、レバノン(一・七二)、イラン(一・七五)、トルコ(二・一二)、サウジアラビア(二・七三)などの周辺諸国と比べても高い。特殊な状況はあるが、小国が決意をすれば出生率を政策的に引き上げることは不可能ではないことの例証である。

逆に出生率を人為的に引き下げる実験を行ってきたのが中国である。中国政府は一九七〇年代に産児制限に舵を切り、一九七九年には正式に一人っ子政策を導入し、出生率を大幅に引き下げていった(二〇一五年に廃止)。人口増加に歯止めをかけることで一人あたりの所得と生産性を向上させ、人口の環境負荷を和らげることにも成功したのである。これからの中国は、日本と同様に深刻な高齢化問題に直面することになる。

あまり知られていないことだが、一九七〇年代半ば、インドのインディラ・ガンジー政権は、中国と並行してトップダウンの人口管理政策を導入しようとしたものの、貧困層を対象とする強制不妊措置などが市民社会の猛反発を受けて断念した。ただし、図2-4が示すように、中国よりも緩やかなペースではあるが、インドの出生率も徐々に低下してきている。

BRICS諸国の一角を占める南アフリカ共和国は多人種国家として知られるが、白人は人口の八パーセントを占めるにすぎず、基本的には「産業化が進んだアフリカの国」と見なしてよい。南アフリカの都市化率はすでに六六パーセントに達しており、失業率は四〇パーセント近くであるが、二〇一〇-一五年の同国の出生率は二・五五にまで低下している。アフリカ人は子だくさんだという思い込みがあると、この出生率の低下を説明することはできない。

これらのBRICS諸国のデータを見ていると、よほど強力な介入がない限り、出生率は長期的には人口置換水準に収斂していくことが示されているように思える。ただし、表2-1が示す通り、中部アフリカと西アフリカの出生率の低下は始まったばかりである。アフリカ一般というより、これらのアフリカの下位地域の人口動態が、これからの世界的な人口転換の帰趨を決めていくことになるのだろう。口絵4のアフリカの部分をよく見ると、二二世紀の世界の人口分布において、アフリカ大陸中央部の国々の存在感が増していることがわかる。

表 2-1　アフリカの地域別の合計特殊出生率

| 地　域 | 1990-95 年 | 2010-15 年 |
|---|---|---|
| 北アフリカ | 4.21 | 3.31 |
| 西アフリカ | 6.41 | 5.53 |
| 中部アフリカ | 6.67 | 5.94 |
| 東アフリカ | 6.41 | 4.89 |
| 南部アフリカ | 3.50 | 2.64 |

注：地域の定義は国連による．マラウイ，ザンビア，ジンバブエは東アフリカに含まれ，アンゴラは中部アフリカに含まれる
出典：図 1-1 と同じ

## マルサスの呪縛

哲学、社会思想、文学、歴史学、法学などの学問分野は、洋の東西を問わず、どの文明も高度な発展を示してきた。しかし、市場での財の取引に着目して政策の優劣を議論する経済学という学問分野は、まずは西洋近代において大きな発展を遂げたと言えるだろう。イスラーム世界では、チュニス生まれの北アフリカの歴史家イブン・ハルドゥーンが、アダム・スミス的な分業論、労働価値説をすでに一四世紀に提示しており、西洋の経済学はその後追いだと言えなくもない。とはいえ、経済学が他から区別される学問分野となり、知的巨人を輩出するようになったのは、アダム・スミスの『国富論』（一七七六年）以降の西洋世界においてである。

スミスの時代の西洋の経済学は、エコノミクスではなくポリティカル・エコノミーと呼ばれていた。経済学を学んだ者にはよく知られているように、日本では、ポリティカル・エコノミーの訳語として、幕末から明治初期に「経世済民(世を治め、民を救う)の学」すなわち経済学という言葉が定着した。西洋の近代経済学は、実証科学というよりも国を豊かにする政策学として生まれ、非西洋世界にも受容されていったのである。

ここで、近代経済学が人口問題をどう見てきたか、少しおさらいしておきたい。一八世紀後半以降の近代経済学の確立期において人口問題を正面から論じた経済学者の筆頭は、トマス・ロバート・マルサスである。マルサスの古典『人口論』(一七九八年)によれば、人間の子づくりの欲望を制御することは難しいので、人口は幾何級数的に増えていくことになる。少し前の節で、出生率が六・〇の場合、理論的には五世代で人口がおよそ八〇倍に増えると述べた。人々の性欲を制限できなければ、五〇人、一〇〇人、二〇〇人、四〇〇人、八〇〇人、一六〇〇人と、時間の経過とともに人口は倍数のペースで増えていくだろう。

そうやって生まれてきた人間が生存していくためには、食糧が必要である。ところが地表の農地面積は有限なので、農業技術の革新があっても、食糧生産の増加はやがて頭打ちになる。人口が増えても食糧生産が増えていかないのであれば、人口一人あたりの食糧が減少し、貧困と飢えが広がっていくだろう。これがマルサスの議論の前提である。

ここで神の摂理が働く。つまり、飢饉、伝染病、戦争などの大災害が起きて、人口は食糧供給と均衡する水準へと暴力的に引き戻されるのである。そこから再び人口が増えて、同じことが繰り返される。マルサスの『人口論』の初版の議論はここまでだったが、改訂版(一八〇三年)では、人々が子づくりを道徳的に抑制すればこのような運命は避けられるという論点が追加されている。

マルサスにも影響を与えた近代経済学の祖アダム・スミスは、『国富論』第一巻(一七七六年)において、生活資料が不足すれば「下層階級」は「子どもを殺す」しかないというマルサス的な直感を書き記した直後に、労働の報酬が上がれば子どもによい食事を与えることができるので、人口の増殖への制限がなくなるとも主張している。産業が発展し、労働需要が増えれば、人々は若年人口を増加させて労働供給を増やしていく。つまり人口の世界においても、需要と供給が均衡する市場メカニズムが作用するというのである。

スミス、マルサスに続いた経済学者デヴィッド・リカードは、マルサスの人口論の枠組みを承認したうえで、主著『経済学および課税の原理』(一八一七年)の議論を組み立てた。その後のカール・マルクスの議論は折衷論である。『資本論』第一巻(一八六七年)の絶対的過剰人口論はマルサスの人口論を踏襲したものだった。マルクスはそこに資本蓄積の過程で増大する失業者、すなわち相対的過剰人口を付け加えることで、人々が労働のシステムから二重に排除される仕組みを明らかにしようとした。

スミスを除けば、富の源泉の一部であるはずの人間が増えすぎて富を飲み込み、人々は不幸になっていくばかりであるというのが、近代経済学の基調的な理解だった。そこに痛快な楽観論を導入したのがジョン・スチュアート・ミルである。ミルによれば、人間の社会において人口、資本、生産、消費がある程度まで増えると、それ以上は増加しない均衡に到達するかもしれない。『経済学原理』(一八四八年)のなかで、ミルは、このような定常状態においては「誰も貧しくないし、誰もより豊かになろうとは思わないし、成り上がろうとする他人の努力によって自分が押し戻されるのではないかと恐れる理由もない」と言う。そこでは、財の生産も消費も増えず、人口も増えないが、社会が停滞しているわけではない。あらゆる精神文化が改善し、道徳と社会の進歩の範囲が拡大し、人々は豊かな自然を楽しむのである。人類はそのような世界に軟着陸できるのだろうか。ミルの構想において問われるのは、そこである。

過去を振り返ると、マルサスの人口論の予想は誤っていたことがわかった。一九六〇年から二〇〇〇年までに世界人口は二倍に増えたが、FAO(食糧農業機関)の各種の統計が示すように、その間に世界の穀物生産は三倍に増えており、価格もおおむね安定している。増加した世界の人口を、とりあえず地球規模では養うことができたのである。その一方で、意図せずして「ゼロ成長」の時代を迎えた「北」の国々では、ベーシックインカムの議論などを通じて、ミルが構想した定常状態の選択肢が少しばかり現実味を帯びてきているように思える。

しかし、地球はまだら模様である。これからもしばらくは人口が増えていく場所があるし、世界全体としては増え続ける。二一世紀を通じてさらに倍増する人類を地球が養い続けることができるのかどうか、私たちは真剣に考えていく必要がある。

## 成長の限界

世界の人口が四〇億人を超えたのは一九七〇年代前半だった。二二世紀初頭になると、アフリカとアジアの人口は、それぞれ四〇億人を超えているだろう。この状態は持続可能なのだろうか。人類全体が意識的に努力しない限り、地球のシステムが均衡に向かうことはありえないのではないか。そのような主張を本格的に展開したのが、一九七二年に発表されたローマ・クラブの報告書『成長の限界』である。日本からも大来佐武郎《おおきたさぶろう》などが参加していたローマ・クラブは、一九六八年に創設されて現在でも活動を継続しているが、最も大きなインパクトがあったのは、やはりこの報告書の出版であった。

マサチューセッツ工科大学(MIT)のシステム工学者ドネラ・メドウズがとりまとめた『成長の限界』は、世界全体を単一の「世界モデル」とみなし、そこに人口、資本、食糧、天然資源、環境汚染という互いに影響を与える五つの変数を入力してコンピューターでシミュレーションを行い、未来予想を試みるものだった。その結果、一九七〇年代初頭までのペースで人口と経済活動が幾何級数的に成長していくと、二一〇〇年までに人口と資本の制御不可能な急減少、すなわち「破局」が訪れるという予測が出た。そこで『成長の限界』は、マルサスの人口論の枠組みをふまえて、破局を防ぐために人口と経済活動を意図的に縮小するように提唱した。そして、ミルが主張したように、そのような定常状態は人間にとって必ずしも不幸な状態ではないとした。経済成長がなくても、適度に豊かな状態が持続するというシナリオがありうるのだ。人知を集めて意識的に「ゼロ成長」を実現することが必要だという提言は、発表の翌七三年に石油危機が勃発したこともあり、世界各地で深刻に受け止められ、中国の一人っ子政策の成立にも影響を与えている。

マルサスの破局の予言が実現していないように、『成長の限界』の破局の予言も、今のところは実現していない。ローマ・クラブのモデルは、省資源型の技術革新の効果を過小評価していたのかもしれない。それは農業生産性の向上のキャパシティを過小評価していたし、「北」の国々が急激な高齢化と人口減少の時代に向かうことも予測できていなかった。世界を単一のシステムとして理解することに強みはあるが、システムを構成する地域的なユニットが質的に異なる挑戦に直面しているという事実も、あまり考慮されなかった。

だが、『成長の限界』から五〇年近くが経過した今、その警鐘が完全に無意味になったわけではない。システムの破局は消えたのではなく、かろうじて延期されているだけなのかもしれないからだ。

## 定常状態に向かって

システムには冗長性があった方がよい。マルサスにとっての成長の限界は食糧生産だったから、ここで食糧安全保障を考えてみよう。西アフリカのキャッサバやプランテンバナナを日本に輸入しても、主食として毎日食べるのは難しいだろう。アフリカでは米を食べる人が増えているが、ジャポニカ米が好まれているわけではない。東アジア以外のアジアの人々はインディカ米を、ラオスの人々はもち米を食べ続けるだろう。そもそも気温や水など、個々の農産物の生育条件は様々である。気候変動の時代に入った今だからこそ、ある程度の地域単位で農業自給の努力を重ね、不作の際には地域間で融通を利かせることが望ましいのではないか。

しかし、アフラシアの国々は概して「農村地帯」という印象があるにもかかわらず、穀物自給率はあまり高くない。キャッサバの自家消費など、農業統計にほとんど反映されない作物が盛んに栽培されている場所もあるが、アフリカの人口増加の速度を考えると、二二世紀に向かう世界の食糧安全保障は大きな不安材料である。本書の第二部で詳しく議論するが、二一世紀前半の今、アジアと比べるとアフリカの人口密度はまだ低い。二〇一八年のアジアの人口密度

（一平方キロあたり人数）は、インドが四一三人、日本が三三三人、中国が一四六人などとなっているが、アフリカ大陸の人口密度は四二人である。アフリカには可能性の大地が広がっており、サハラ砂漠などを除けば、まだ耕地を増やしていく余地は十分にあるように見える。

しかし、二一〇〇年にアフリカの人口が四四億六八〇〇万人になると、アフリカ大陸全体の人口密度は一四七人となり、現在の中国とほぼ同じ水準になる。アフリカ世界は、もはや小人口世界とは言えなくなっていくのである。口絵5と口絵6は、それぞれ二〇一五年と二一〇〇年の世界各国の人口密度を地図化したものである。二つの地図を比べると、これからアフリカ大陸とりわけ熱帯地域において人口圧力が強まることが、容易に見て取れるだろう。インドやインドネシアのジャワ島など、人口稠密なアジアの熱帯地域が人口を扶養できていることは、土地への圧力が強まる未来のアフリカ農業のモデルになるかもしれない。未来のアフラシアでは、生業分野での協力がますます大切になる。

インドのモハンダス・ガンディーやタイの国王ラーマ九世の人生観は、定常状態の経済を積極的に選び取り、それを喜びとするものだった。環境保全よりも人間中心主義の考え方が強いアフリカでも、ケニアの活動家ワンガリ・マータイの「もったいない」というスローガンが影響力をもったことはよく知られている。アフリカとアジアで暮らす人々が絶対的な多数派を占める状況のもとで、人間と自然の新陳代謝（メタボリズム）のレベルを抑制し、多彩な精神文化を発展させる。そのような方向でグローバルな社会を編成していくには、定常状態に向かう合意を支える地域文化が不可欠になる。

定常状態の未来においては差別が再生産されてはならない。政治や経営、専門技術の分野で女性と男性が対等に働くことはもちろん重要だが、より広範な分野で女性の生きにくさが解消されることが大切である。口絵7は、男性を一とした場合の女性の比率を国別に示したものである。生物学的には女性人口の方が男性人口よりも多くなるはずなのだが、女子が病気になった際のネグレクト、栄養不良、性別がわかった後の堕胎などが積み重なって、女性人口が統計的に少なくなっている国々が世界には多くある。この地図は、世界各地のジェンダーバイアスを、「女性が女性であるという理由で命を全うできない」という切実な数字の集積によって示している。

すでに見てきたように、貧しい国ほど平均余命が短く、出生率が高い傾向がある。では、貧しい国では女性が不利なのかというと、必ずしもそうなってはいない。口絵7が示す通り、東南部アフリカと大陸部東南アジアにおいては、根深い貧困にもかかわらず女性の人口が多く、先進国に近い比率になっている。デンマーク出身の経済学者エスター・ボズラップが『経済発展における女性の役割』(一九七〇年)で議論したように、サハラ以南アフリカや東南アジアの多くの社会では、もともと広大な土地を活用する移動耕作が盛んであり、農業労働における女性の役割が大きかった。女性を豊穣さの源とみなす小人口世界の社会規範が今でも残っているのだろう。

ロシアの女性人口が多いことについては、また別の事情を考慮しなければならない。ソビエト連邦の崩壊に伴う社会的なストレスによって男性の飲酒が激増したこともあり、同国では成人男性の死亡率が非常に高い時期があった。一九八五―九〇年、ロシアの女性の平均余命は七三・八六歳、男性の平均余命は六三・八六歳であった。それが二〇〇〇―〇五年には、女性の七一・九八歳に対して、男性は五八・六三歳にまで低下している(二〇一〇―一五年には、女性は七五・九二歳、男性は六四・六六歳にまで回復)。旧ソ連・東欧の社会では、アフリカや東南アジアのような女性が多いという自然状態ではなく、男性が極端に少ないという異常事態が見られるのである。

# 第三章　新たな経済圏と水平的移民

## 移民の時代

人口変動を規定するのは出生率、死亡率、移民という三つの変数であった。このうち出生率と死亡率はすでに検討したので、この章では移民という変数について調べることにしたい。第一章で見た人口予測の元になっている国連チームの計算式には移民に関する予想も入っているのだが、過去の趨勢にもとづく控えめなものであり、とりわけアフリカとアジアでは人口動態に目立った影響を与えるほどの規模の移民は想定されていない。そこで本章では、現実にありうる移民の流れについて独立した考察を加えることにしよう。

もともと経済学では、土地、労働、資本は自由に国境を越えるものとは見なされていなかった。生産された財は国際的に取引されるが、生産要素は動かないと想定されていたのである。しかし、帝国主義と植民地主義の時代、いくつかの生産要素およびその所有権が国境を越えて劇的に移転する現象が見られるようになった。植民地支配は、土地の支配権の移転を地ならしとして、各地で労働の大規模な移転としての入植活動を組織するものだった。人の移動は帝国本国から植民地に向かうだけだとは限らない。一五世紀末から三五〇年間にわたって続いた大西洋奴隷貿易では、正確な数字はわからないが、およそ一二〇〇万人ものアフリカ人が奴隷としてアメリカ世界に連行されたとされる。

植民地支配が過去のものになった今でも、いわゆるランドグラッブ（土地収奪）によって、アフリカやアジアの農地が買い占められている。海外直接投資（FDI）はますます大規模になり、各国の経済発展の径路を大きく左右している。そして、交通や送金の手段が発展するとともに、国境を越えた人の流れが加速してきている。出稼ぎ、留学、海外赴任、平和的な移住のみならず、住み慣れた土地から根こぎにされる難民や人身売買などの問題も続いている。

理論的には、若年層の過剰人口を抱える国から少子高齢化に向かう国に自発的な人口移動が起きれば、双方に利益があるはずである。日本は移民労働の受け入れに舵を切りつつあるが、政策論争は低調であり、そもそも人口バランスの是正策としては遅すぎるのかもしれない。本書の第三部で議論するが、人の移動はコミュニケーションを活性化させることにも注意しておきたい。人の出入りが少ない国と比べると、一般的に、移民を受け入れる国には文化的な活力がある。

## アジアとアフリカの経済成長

個人が旅行ではなく移住を決断する背景には、様々な要因がある。政治的迫害や宗教的迫害を逃れようとする場合もあるし、伝統社会の束縛を逃れようとする場合もあるし、より大きな経済機会が誘因になっている場合もある。人々は貧困と政情不安にさいなまれる土地から、豊かで安定した生活を送ることができる新天地に移動しようとする。移民の動機について複雑すぎるモデルを考える必要はない。中東やアフリカから欧米を目指す移民たち、中南米から北米を目指す移民たちは、「よりよい生活」を求めているのだ。受け入れ国と送り出し国の政策、親戚友人の存在、ブローカーの手引きなどは、目的を実現する手段にかかわる変数である。

移民が目指す可能性の大地はどこにあるのだろうか。ここで、経済移民を引きつける経済機会の簡単なマッピングを試みよう。口絵8のカルトグラムは、国ごとのGDPの大きさを面積で示したものである。富が集中する地域として、アジア、ヨーロッパ、北アメリカという三つの地域が突出していることがわかる。地理的、文化的に近接するところから、これらの地域に向かおうとする移民圧力があると想定される。地域を比較すると、現状ではアフリカの経済力の乏しさが目立つ。

次に、GDPの今後の成長率を見てみよう。二一世紀の日本の経済成長率はおおむね一、二パーセントであり、予測可能な未来に一九六〇年代のような一〇パーセント成長の時代が再来

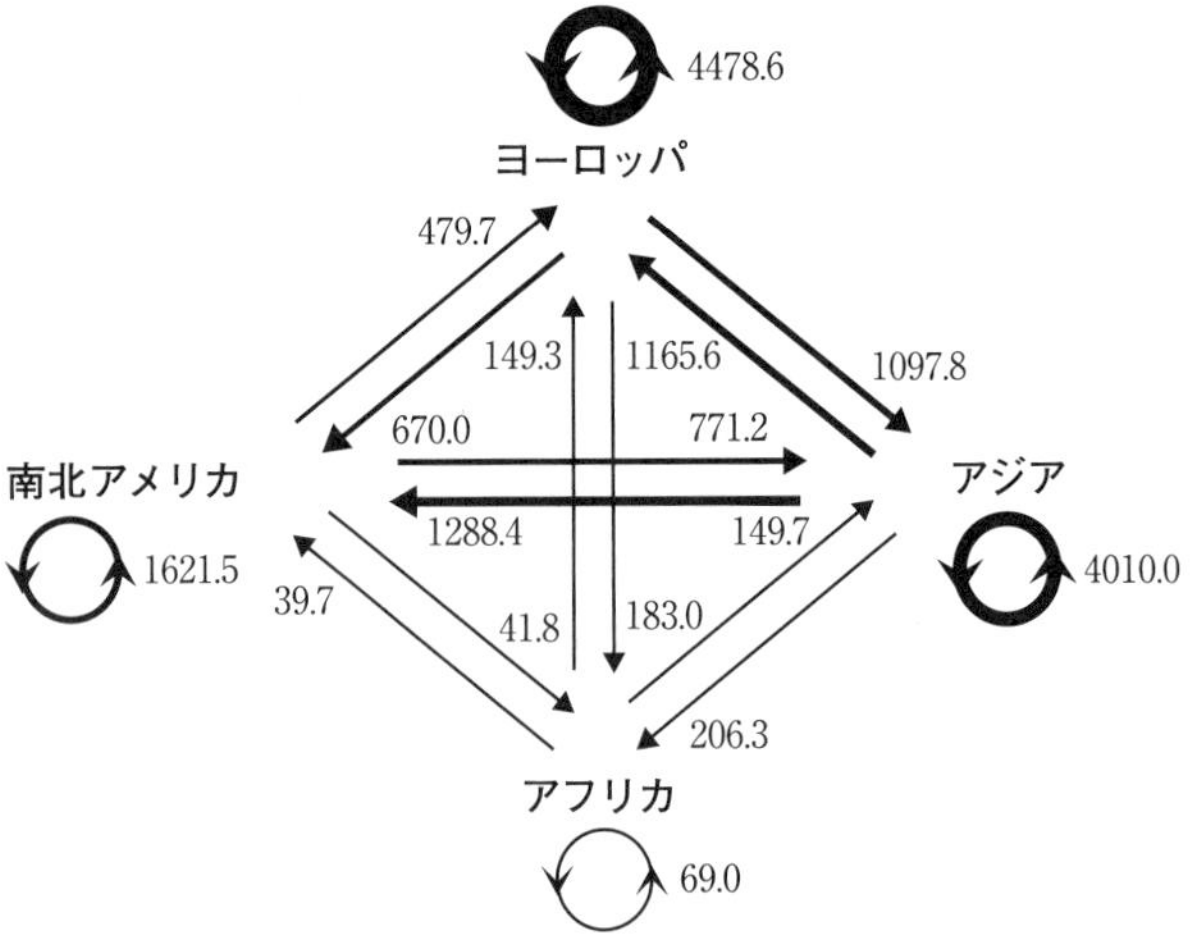


図3-1　世界の地域間・地域内貿易（2017年）
単位：10億USドル
出典：International Trade Statistics. https://www.trademap.org/Index.aspx

することは、まず考えられない。ヨーロッパ諸国もそうであろう。ロンドンに拠点をもつコンサルティング会社PwCは、世界の主要三二カ国の二〇一六年から五〇年のGDP平均成長率を予想したが、この期間に年平均四パーセント以上の成長が見込まれる七カ国はすべてアフラシアに位置している（口絵9）。アフリカでも、エジプト、ナイジェリア、南アフリカが赤く燃えている。二一世紀は、人口のみならず経済成長についても、アジアとアフリカが「伸び盛り」の時代を迎えていくかもしれない。

二〇一七年の世界の地域間貿易の流れを見てみよう。図3-1は、アジア、アフリカ、南北アメリカ、ヨーロッパの地域間貿易と地域内貿易の規模を示したものである。先進国およびアジア新興国の間では部品や半完成品を含む高付加価値製品が取引されるので、ドル建ての貿易額は大規模なものになっている。また、欧州連合(EU)は単一の経済圏だが、活発な地域内物流は国際貿易と見なされるので、ヨーロッパの域内貿易は大きく評価される。アフリカの貿易は低調に見えるが、輸出される再生不可能な天然資源の価格が市場で適正に評価されているとは限らない。いずれにせよ、アフリカから見て、対アジア貿易の総額がすでに対ヨーロッパ貿易の総額を上回っていることに注目しておこう。

中国が唱道する一帯一路の背景には、中東とアフリカから東アジア向けの資源輸出、および東アジアから中東とアフリカ向けの消費財輸出の増大を見越して、交通インフラへの需要が高まっている状況がある。口絵9に描かれている方向で世界の成長センターがアフラシアにさらにシフトすれば、未来の貿易と投資の世界地図もそれに応じて変化していくことになるだろう。

## 新たな移民のパターン

このような世界経済の地図をふまえて、誰がどこに移住しているかを見てみたい。私たちは、「貧しい南」の人々が「豊かな北」に命がけで渡航するのが、典型的な移民の流れだと考える傾向がある。ヨーロッパ大陸を目指す親に連れられて北アフリカから出航し、地中海で船が転覆し、命を落とす子どもがいる。ドイツや米国の市民権を得て、新しい人生の一歩を踏み出す中東からの難民がいる。不法移民として地下に潜り、工場で搾取される者がいる。他方、「北」の市民は「南」からの移民にテロリストが紛れ込むことを懸念し、異教徒に日常生活が脅かされることを心配する。かれらは排他的なポピュリスト政治家に投票する。

口絵10は、各国の人口に占める移民(国連の統計では外国籍または外国生まれの市民)の割合を示している。アフラシアでは、アラブ首長国連邦の八八パーセントをトップとして、サウジアラビアの三七パーセントなど、中東産油国の移民の多さが目立つが、これらの国々ではインド、パキスタン、バングラデシュ、エジプト、フィリピンなどからの出稼ぎ労働者が多い。典型的には、男性は建設労働者、女性はメイドである。中央アジアのカザフスタンの二〇パーセント、アフリカの赤道ギニアの一八パーセントなども、資源輸出ブームによるものである。そして、地図では見えにくいが、シンガポールの四六パーセントなど、アジアの豊かな小国でも移民の存在感が際立っている。

この地図を見る限り、移民のストックはアフラシアよりも西洋の国々の方が大きいようである。しかし、移民のフローは必ずしもそうではない。同じ国連統計によると、二〇一七年の「南から南へ」の移民は九七四〇万人に達しており、「南から北へ」の移民の八九〇〇万人を追い抜いている(欧米諸国と日本を「北」、それ以外の国々を「南」と定義)。表3-1が示す通り、移

**表 3-1　世界各地の移民の分布と増加率**

| 地　域 | 移民の絶対数（百万人，2017 年） | 移民の増加率（%，2010-17 年） |
|---|---|---|
| 世　界 | 257.7 | 2.3 |
| アフリカ | 24.7 | 5.3 |
| アジア | 79.6 | 2.7 |
| オセアニア | 8.4 | 2.4 |
| ラテンアメリカ・カリブ海 | 9.5 | 2.0 |
| 北アメリカ | 57.7 | 1.8 |
| ヨーロッパ | 77.9 | 1.4 |

出典：United Nations, Department of Economic and Social Affairs, Population Division, *International Migration Report 2017*. http://www.un.org/en/development/desa/population/migration/publications/migrationreport/index.shtml

民の絶対数が多い地域はアジア（七九六〇万人）、ヨーロッパ（七七九〇万人）、北アメリカ（五七七〇万人）、アフリカ（二四七〇万人）の順番であるが、それぞれの二〇一〇年以降の移民の増加率を見ると、アフリカの五・三パーセントが最も高く、ヨーロッパの一・四パーセントがいちばん低い。

図3-2を見てみよう。アジアとアフリカから西洋諸国への移民は多いが、それよりも大規模な移民現象がアジアの内部で起きていることがわかる。ヨーロッパ内部の移民も多いが、域内を自由に移動できるEUのシェンゲン協定加盟国を一国とみなせば、カウントは激減するはずである。アフリカ内部の移民は少なく見えるが、アフリカには陸路の国境管理が存在しないに等しい広大な国々が多く、統計に表れない移民が膨大にいる。いずれにせよ、二〇一七年の公式統計を見る限り、アジアはヨーロッパから

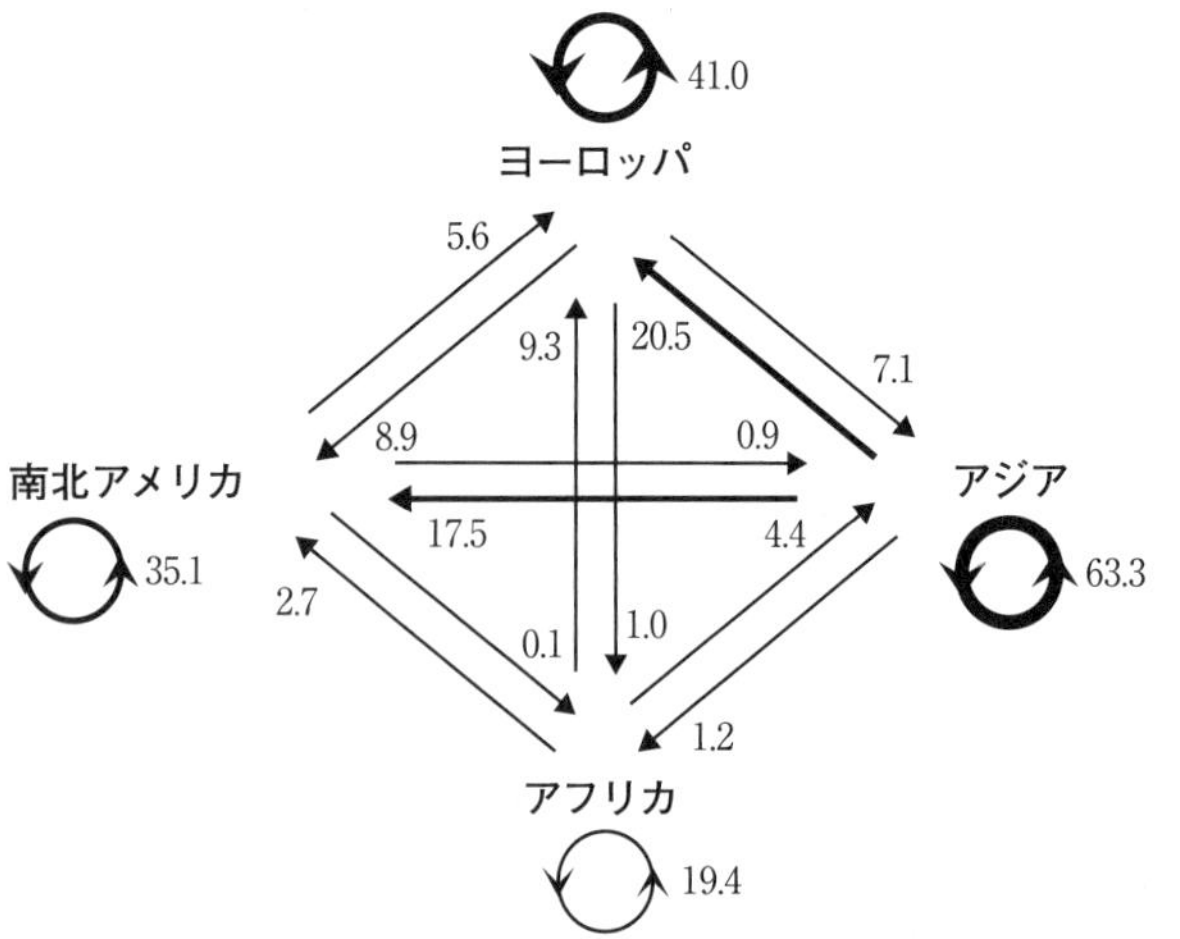


**図 3-2　移民の流れ（2017 年）**
単位：百万人
出典：表 3-1 と同じ

七一〇万人、アフリカから四四〇万人、南北アメリカから九〇万人の移民を受け入れており、アフリカはアジアから一二〇万人、ヨーロッパから一〇〇万人、南北アメリカから一〇万人の移民を受け入れている。アジアはアフリカから、アフリカはアジアから、意外に多数の移民を受け入れている。

　移民のなかには、紛争に伴って近隣諸国から流入した難民たちもいる。国連難民高等弁務官事務所（UNHCR）によれば、難民および難民に準じる状況の人々は、二〇一七年の時点で、アジアに九九五万人（全体の五〇パーセント）、アフリカに六六八万人（三四パーセント）、ヨーロッパに二六〇万人（一三パーセント)いる。シリア難民はトルコに、アフガニスタン難民はパキスタンに、南スーダン難民はウガンダに向かう。欧米や日本は、かれらが自分たちの戸口に来たときになって驚くのである。

移住をめぐる状況も、移動する人々の動機も様々であるが、最近の動向を見る限り、西洋世界が国境を閉ざす反面で、アフラシア世界は移民に対して相対的に開かれていると考えることができる。人々はまず近接する地域に移動しようとするというだけではない。移民を引きつける経済機会もまた、アフラシアの内部で拡大しつつあるのだ。

## アフラシアを環流する移民たち

「南から南へ」と動く移民たちは、「南」の内部において、西から東へ、東から西へと動いている。近年よく知られているのが、中国からアフリカへの移民の動きである。外交官やビジネスマンなどのトップエリートから、観光客、料理人、中国語講師、建設工事に従事する肉体労働者、地元のスラムに入り込んで地元民を相手に商売する商店主まで、「中国人」という言葉でくくるのが難しいくらいにあらゆる階層の人々がアフリカを訪れ、暮らし始めている。

アフリカ系米国人ジャーナリストのハワード・W・フレンチの著作『中国第二の大陸――百万人の移民がアフリカにどうやって帝国を構築しつつあるか』(二〇一四年)がよく読まれたこと

もあり、アフリカ大陸で暮らす中国人は百万人に達したという数字が一人歩きしている。統計上は、二〇〇九年の時点で在外中国人の総数は四〇〇〇万人ほどであり、その内訳は、二九七五万人がアジア、七二九万人が米国、一二六万人がヨーロッパ、九三万人がオセアニア、二四万人がアフリカなどとなっている。公式統計で捕捉できていない移民を考慮に入れても、アフリカの中国人は五〇万人程度ではないかとも言われる。正確な数字はともかく、アフリカ大陸において中国人の存在感が強まっていることは明らかである。アフリカで暮らす日本人は、短期滞在者などを除いて七五九一人(二〇一七年、外務省統計)であるから、文字通り、中国人とは桁が違う。

近年は世界中で「中国とアフリカ」に関心が集まっているが、中国は国であり、アフリカは国が集まった地域なのだから、公式には「アジアとアフリカ」を対照させるべきだろう。外部の世界からアフリカへの大規模な移民としては、白人の入植を別にすると、レバノン人が西アフリカに、インド人やアラブ人が東南部アフリカに移住し、主として流通業に従事してきた。アジア・アフリカの国々が独立した後、ナショナリズムと国民国家の領域性は不可分だと見なされたこともあり、インド政府は在外インド人の存在をあまり気にかけなかった。一九七二年には、ウガンダで暮らす数万人のインド系人がイディ・アミン大統領の迫害を受けて国外に追放された。しかし近年では、インドの国益およびインド企業の利益を増進するために、在アフリカ・インド人とインド本国の絆を強める動きが盛んになっている。

他方で、アフリカ人がアジアで暮らし始めている。中国で暮らすアフリカ人は、アフリカの中国人と同様に百万人の規模に達したという議論もあるが、基礎になる統計はないし、出入国も激しい。二一世紀に入って、広東省の広州や浙江省の義烏には中国製品を買い付けるアフリカ人商人が集住する街区が登場したが、当局が取り締まりを厳しくする度に移民の数は激減している。それ以外にも、マカオでポルトガル語圏アフリカの出身者が大勢暮らしていたり、中東から東南アジアの国々においてアフリカ人の出稼ぎサッカー選手が活躍していたりする。他方、インドの大都市圏では、アフリカ人移民が外国人嫌いのインド人に襲撃され、殺害される事件が何度か起きている。日本や韓国でも、出稼ぎ労働者、起業家、高度専門職などでアフリカ人が目立つようになってきているが、両国では米軍関連でのアフリカ系米国人の存在感も強い。

## 一帯一路のインパクト

人、モノ、資金、情報のすべての流れにおいて、アフリカとアジアが直接つながる時代になってきた。これらの流れに大きな影響を与えつつあるのが、二〇一三年に中国の習近平国家主席が提唱した一帯一路である(図3-3)。

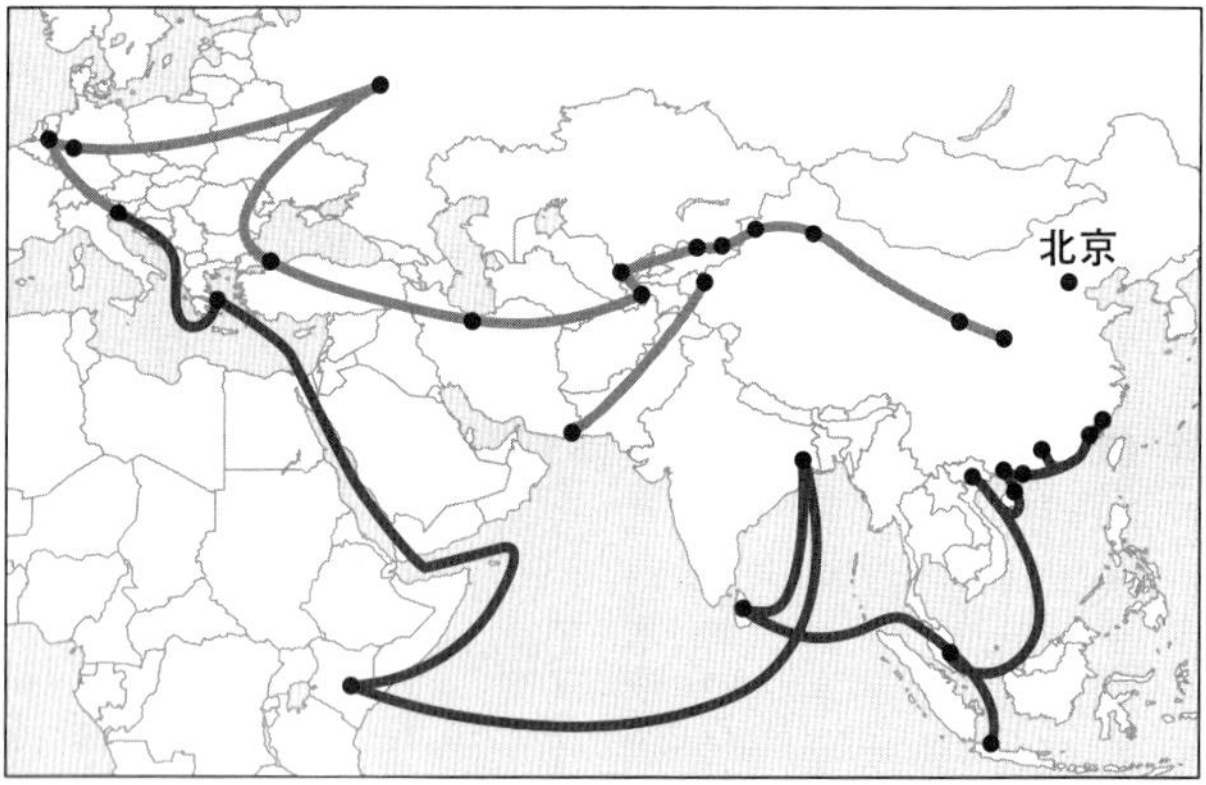


図3-3　一帯一路

「一帯」の方は、習主席が中央アジアのカザフスタンを訪問した際に提唱したもので、正式には「シルクロード経済ベルト」と呼ばれる。道路や鉄道といった陸地のインフラ開発を加速させ、ユーラシア大陸の東西の接続性を飛躍的に高めようとするものである。中国の内陸部と中央アジア、西アジア、トルコ、そして東西のヨーロッパが結ばれる。

「一路」の方は、習主席がインドネシアを訪問した際に提唱したもので、正式には「二一世紀海上シルクロード」と呼ばれる。古くからのシルクロードの海上版を目指し、中国の沿岸と、東南アジア、南アジア、東アフリカ、中東、地中海の港が結ばれる。一五世紀初頭、明の海将鄭和が率いる船団は、中国から中東、東アフリカに至るインド洋域を広範囲に探索した。二一世紀の海のシルクロードの主要部は、この鄭和の航海路とおおむね重なる。なお、鄭和はムスリムであった。

一帯一路は、いくつかの意味で、うまく考えられたスローガンである。第一に、まったく新しい秩序をつくるのではなく、かつて存在した交通路を復興させる試みとして提示されているので、歴史的な正統性がある事業として受け止められる。第二に、「帯」と「路」はどちらも接続性を指示する言葉であるが、それぞれの中間地帯において、具体的にどことどこを優先的につなぐかは決まっていない。したがって、新たなステイクホルダーが競い合って参入してくるかもしれない。第三に、道路も鉄道も港も基本的には特定の者の利用を排除しない公共財だから、誰でも使うことができる。インフラを建設する国々が中国への債務によって身動きがとれなくなるといった批判はあるが、インフラ構想そのものは開放的であり、欧米企業を含めて誰でも利益を得られるため、その趣旨には反対しにくい。一帯一路が頓挫するとしたら、中国経済と世界経済が混乱と長期停滞に陥ったときだろう。

図3-3は一帯一路のルートとしてよく引用される各種の地図を参考にして作成したものだが、本書を執筆している二〇一九年の時点では、中国政府は正式なルートの地図は提供していない。事業の計画が柔軟なのはよいことかもしれないが、事業の開放性の背後に「中国の野望」が隠されているという人もいる。誰がどのような便益を享受するかが特定されていないために、計画者の意図に関する疑念が生まれるのである。影響を受ける地元の人々を意思決定に

反映させる民主的な回路も弱い――もっとも、これはインフラ開発全般に言えることであり、中国に限った話ではない。そこで機能するのは、影響力がある出資者の決断が支配する「株主民主主義」に近い原理なのかもしれない。本書では一帯一路の構想に「アフラシアの倫理」を組み合わせるべきことを主張するが、この倫理の中身については、本書の後半で議論したい。

ともあれ、「一帯」がユーラシアの東西の陸上交通を強化するものだとすれば、「一路」はアフラシアの東西の海上交通を強化していく可能性がある。この事業が進行すれば、西ヨーロッパと中国という東西の伝統的経済権力の接続性のみならず、アフリカ、中東、南アジア、東南アジアの接続性もまた格段に強まっていくと予想される。一帯一路によるインフラ建設の動きはアフラシアの成長の径路を左右し、そのことが移民の流れを含めた人口動態にも大きな影響を与えていくことになるだろう。

### 農村から都市へ

これからアフラシアの人口は増加するとともに流動化し、移民の時代を迎えていく。この趨勢は、世界各地の接続性と産業需要の変化のみならず、都市化のプロセスをコントロールできるかどうかにも依存する。第二章で指摘したように、増大するアフリカの人口を扶養するためには、少なくともこれまでのペースで食糧生産を増やしていくこと、そして地域的な食糧自給をできるだけ達成していくことが不可欠になる。そのためには、「緑の革命」と通称される米国起源の農業近代化の手法を普及させることが必要かもしれない。改良品種を導入し、灌漑設備、肥料、農薬、農業機械を利用し、農民の技術と組織を近代化していくことで、穀物の生産性を大幅に向上させるのである。

ただし、プランテーション農業など労働節約型、資本集約型の農業が拡大すれば、「農村に農民は必要ない」ということにもなりかねない。アフリカや東南アジアの農家は、日本と同じ家族農家が多い。農村に労働の機会がなければ、若者たちは村を捨て、都市に向かっていく。しかし、都市の産業が労働を吸収できなければ、人々には行き場がなくなる。

ある村の食糧生産高が一〇〇トンから二〇〇トンに増加する一方、農業労働者が一〇〇人から二〇人に減少したとしよう。一人あたりの生産高は一〇倍になる。しかし、農村で仕事を失った八〇人が他の仕事を見つけられなかったら、増加した農産物の大部分を無償で配布するのでない限り、この失業者たちは飢え死にしてしまうだろう。エジプトの経済学者サミール・アミンは、雇用を顧みない農業の革新は「人類の半分に対するジェノサイド」をもたらすと主張し、イギリス史の無慈悲なエンクロージャー(囲い込み)が同時代の「南」の国々で繰り返されていると説く。

イギリスの農村変容の衝撃は外部の世界を植民地とすることで緩和された。イギリスの過剰

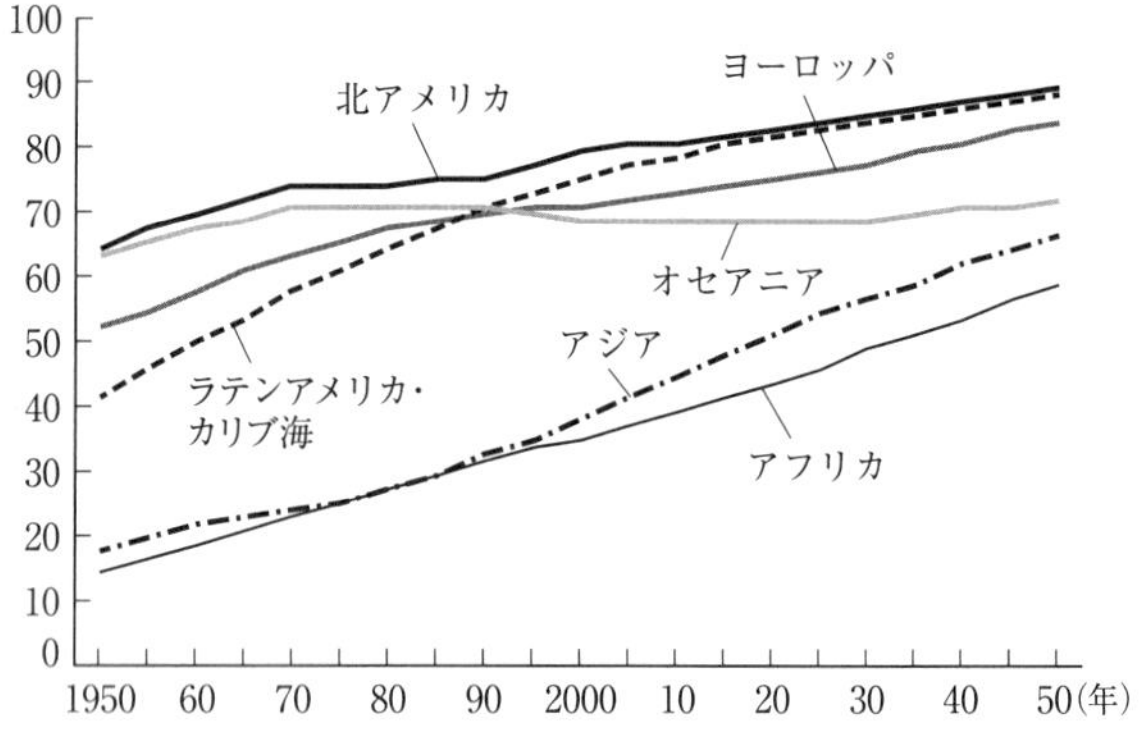


**図 3-4　地域別の都市化率**

出典：United Nations, Department of Economic and Social Affairs, Population Division, *World Urbanization Prospects: The 2018 Revision*. https://population.un.org/wup/Download/

人口は北アメリカ、オセアニア、アフリカの温帯に散らばったのである。ロシア人はシベリアに向かった。フランスは人口抑制策をとり、ドイツは膨張を抑制できずに世界戦争を引き起こした。日本人は米国や中南米に向かったが、一九二四年には米国議会が「排日移民法」を可決した。日本の農村人口は満州にも向かった。中国については東南アジアおよび世界各地に華僑が散らばっており、インドについてはイギリス帝国の版図に印僑が散らばっている。しかし現在、各地の余剰人口を移動させてきた帝国主義の時代は終わっている。

大陸の外に脱出できるにせよ、できないにせよ、アフリカ人は農村から都市に移住し続けていくだろう。図3-4に見られる通り、アフリカの都市化率は一九五〇年には一四・三パーセントだったが、二〇一五年には四一・二パーセントになっており、二〇五〇年には五八・九パーセントに達すると予測されている。アジアとほぼ同じペースの増加率だが、第一章で見た中位推計のシナリオに従って、二〇一五年から五〇年までの期間にアフリカの人口が二・一倍に増加するとすれば(アジアの人口は一・二倍)、アフリカの都市人口の絶対数は同じ期間に三・〇倍に増えることになる(アジアの都市人口は一・六倍)。現在のアフリカの大都市の大渋滞を知る者にとって、都市人口の三倍増は悪夢に思えるだろう。

都市の雇用が人口増と並行する規模で増加し、住宅や上下水道などのインフラも整備されればよいだろう。しかし、それを楽観視できないのであれば、アフリカ社会にとって、農村からの人口流出は歓迎できるものではない。家族農業の形にはできるだけ手をつけず、労働吸収的な営農形態を基本的に維持したままで、技術と制度の革新を進めていくことが必要になるのではないだろうか。

## アフラシアの歴史を再考する

ここまでの第一部では、アフラシアの現在と未来の課題を人口変化の力学を通じて検討してきた。重要な論点を要約しよう。二二世紀の初頭までに、アフリカとアジアの人口が世界の人口の四割ずつを占めるようになるという試算がある。世界の未来がどのような形をとるかは、人口の多数派を占めるアフリカ人とアジア人の間でどのような対話が組織されるかに依存するところが大きい。

　今後の百年、特にインパクトが大きいと予想されるのはアフリカの人口変化である。この大陸の住民の数は二一世紀を通じて五倍に増えるとも言われる。しかし、あまり知られていないことだが、アフリカの出生率はすでに低下し始めている。二一世紀の後半は慣性効果によってアフリカの人口の絶対数は増え続けるが、二二世紀には落ち着き、世界の人口は百億人を超える程度で新たな定常状態に入ることが期待される。

　人口水準を変えていく政策には、様々なものがある。死亡率を下げる医療政策、出生率を調整する社会福祉や補助金政策、そして移民政策などである。だが、財政出動によって景気変動を調整するような即効性は期待できない。政策による人口変化は、たとえて言えば、巨大な船が方向を変えていくようなものである。遠くの目標物を見ながら早めに舵を切らないと、方向転換はできない。明確な決断を下すことができたとしても、進路はゆっくりとしか変わらないものだ。

　二〇一九年の世界の人口は七七億人であるが、二一〇〇年の世界の人口は一一二億人に達すると試算されている。終わりのない人口爆発を恐れるよりも、この水準での定常状態、すなわち持続可能な自然と人間の新陳代謝を構想したい。地球を単一のシステムとして理解する見方は重要だが、食糧に関しては地産地消の広域的なユニットが連合する形を考えることもできるだろう。

今後の百年、アフリカ諸国は分厚い若年層を抱え込む。この「人口ボーナス」が有効に活用されれば、アフリカ諸国は社会経済の発展の径路に乗り、出生率も低下するという好循環がもたらされるだろう。しかし、アフリカ(とりわけ西アフリカと中部アフリカ)が開発の失敗に陥れば、アフリカの人口転換は中途半端に終わり、世界にとってこの地域の人口圧力が大きな課題になるかもしれない。その一方で、私たちに近い地域を見ると、これから中国の少子高齢化が進行すれば、日本と同種の高齢化社会が日本の一〇倍の規模で東アジアに出現することになる。「老いるアジア」と「若きアフリカ」が向かい合う構図が姿を現すのである。

世界の人口の重心がアジアへ、そしてアフリカへと移行していく流れが見えてきた。世界各地の人口変化は、経済、社会、環境の変化と密接に絡み合っている。アジアとアフリカの相互的な移民も加速しつつある。地球の未来を決めるアフラシアの人々の対話と意思決定は、どのような価値規範にもとづいて遂行されていくべきだろうか。第二部では、その歴史的な前提条件を議論することにしたい。

# 第二部　後にいる者が先になる

# 第四章　ユーラシアの接続性

## 西洋と「それ以外」

世界宗教の聖典には、世俗の世界でもその意味を深く考えさせられるような警句がちりばめられている。たとえば、新約聖書には次のような言葉がある。「おおよそ、持っている人は与えられて、いよいよ豊かになるが、持っていない人は、持っているものまでも取り上げられるであろう」(『マタイによる福音書』二五章二九節など)。富者と貧者の不平等は固定化されるだけでなく、時間の経過とともに拡大していく。フランスの経済学者トマ・ピケティが『二一世紀の資本』(二〇一三年)で描いたプロセスそのものである。

従属論の旗手として知られるドイツ出身の経済学者アンドレ・グンダー・フランクは、一九六〇年代末から七〇年代にかけて、社会主義者サルバドール・アジェンデの時代のチリを拠点に、世界資本主義批判の活発な論陣を張った。フランクによれば、世界システムは中心と周辺に分裂しており、周辺部すなわち「南」の低開発は、歴史的に再生産され、深刻化し続けている。米欧からの投資および米欧との貿易によって、ラテンアメリカは何世紀にもわたって富を奪われ、人々は貧困に苦しんできた。アフリカとアジアも、西洋と接触したことで世界経済の底辺に組み込まれた。持っている者と持っていない者の分裂は、一国内の格差の問題というだけでなく、本質的にグローバルで、歴史貫通的な問題なのである。

フランクは、世界の国々の発展をトラック競技のように理解する考え方を正面から批判した。選手は独立したトラックを走り、才能がある走者、努力した走者は早くゴールに到達するが、そうでない走者は敗北するという考え方である。フランクは、そのような思考と決別し、世界を単一で不可分のシステムと見なすべきだという。世界資本主義に公正な競争などというものは存在しない。世界の富と貧困はひとつのコインの表と裏の関係にあり、世界資本主義のネットワークに後から組み込まれた場所は、西洋世界との交流それ自体によって貧窮化していくのである。フランクの議論は、いわゆる南北問題の構図を生々しく提示した理論として、今でも一定の衝撃力をもっている。

聖書には次のような話もある。ぶどう園で朝から働いた労働者には、一日の労賃が与えられる。働けるかどうかわからずに雇い人を待ち続け、夕方になってようやくぶどう園の仕事にありつけた労働者にも、働いた時間は短いにもかかわらず、一日の労賃が与えられる。そして、ぶどう園の主人は、最後に来た者から順番に、最初に来た者にまで同じ労賃を払う。働こうとしたすべての者が同じ報酬を受け取るのであり、それは不安を抱き続けた者にまず与えられるのだ。すなわち、「後にいる者が先になり、先にいる者が後になる」(『マタイによる福音書』二〇章一六節)。ベーシックインカムの一歩先を行く思想である。

西洋世界は先に繁栄の世界に到着したが、非西洋世界は取り残され、機会を待ち続けていた。まず非西洋が救われ、次に西洋が救われるという順番で、皆が救われる日がくるのかもしれない。それにしても、非西洋世界は努力が足りなかったのだろうか。フランクが言うように世界資本主義が単一の収奪のシステムなのだとしたら、西洋世界と非西洋世界の関係は、強者がルールを無視して弱者を組み伏せる征服であり、支配であり、権利の剝奪だったことになる。この世界のぶどう園で朝から働いた労働者たちは、そもそも、他の労働者たちを押し倒して仕事にありついていたのである。

さて、世界史にはそのような側面があるとして、強者は常に強者、弱者は常に弱者なのだろうか。

## 東洋の再興

フランクらが提示した従属論の枠組みは世界に大きな衝撃を与えたが、続けて実践的な一歩を踏み出そうとすると、袋小路に陥ってしまうところがある。周辺が中心と交わるほどに従属を深めていくのであれば、周辺が自立するためにはこの関係を切断するしかないだろう。しかし、グローバルな交易や文化的交渉を完全に断ち切って繁栄の道を歩むことは難しい。カンボジアのクメール・ルージュは自壊した。一九七〇年代から八〇年代にかけて、自由貿易から距離を置こうとした国々の経済は明らかに停滞していった。

やがて、ひとつの回答が現実のなかから現れた。二〇世紀末、「北」に従属していたはずの「南」の一部の国々が、「北」との貿易を拡大させながら急速に発展したのである。アジアの例外国家として帝国主義の一角に上り詰めた日本だけではない。一九六〇年代以降、韓国、台湾、香港、シンガポールが劇的な経済成長を遂げ、そこにASEAN諸国が続き、さらに改革開放に舵を切った大陸中国が存在感を強めていく。

上昇する「アジアの竜」の軌跡の中間報告として、世界銀行は『東アジアの奇跡』(一九九三年)を刊行し、これらの国々においては自由貿易への全面的な参加だけでなく、教育と産業政策の分野での政府介入が効果的だったことを認めた。この報告書の冒頭には、一九六〇年から八五年までに比較的高い一人あたりGDP成長率を誇った国々の一覧がある。この期間の成長率が平均三パーセントを超えたのは世界の六カ国・地域であり、それらは韓国(六位)、シンガポール(五位)、香港(四位)、インドネシア(三位)、台湾(二位)だった。一位は、南部アフリカのダイヤモンド輸出国ボツワナで、この期間の平均成長率が四パーセントを超えていた。日本は七位に入ったが、欧米の主要国はリストの上位に入らなかった。

かつて従属論にかかわる著作をよく読んでいた筆者は、フランク自身がこうした動きを敏感に捉えて、世界資本主義の歴史を再解釈したのを知って驚いた。フランクは二〇年ぶりに本格的な単著『リオリエント』(一九九八年)を発表し、一四〇〇年頃から一八〇〇年頃までの四世紀にわたり、世界経済の中心はアジア、とりわけ東アジア、なかでも中国であり、西洋は東洋にぶら下がる周辺部だったと主張したのである。当時、世界経済はすでに単一のシステムであり、そこでは中国が、そしてある程度まではインドが、支配的な地位にあった。西洋はラテンアメリカを植民地として銀を収奪し、これを無償の決済手段として支払うことで、中国から先端的な製造業産品を輸入していた(日本は自国産の銀を中国に支払って、同じことをしていた)。その後、世界経済の支配権の振り子が西洋の方に揺れたが、それは過去二世紀の出来事でしかない。

つまり、世界の中心はもともと西洋ではなく、東洋だったのである。新しい「フランク理論」は、単一の世界システムの枠組みを残しながら、中心・周辺関係における西洋と東洋の位置を逆転させ、東洋を賢明な君主として、西洋を王位の簒奪者として描き出す。しかし、西洋の栄光は一時的なものにすぎず、世界経済の重心は再び東洋に戻りつつある。世界史的に見れば、東洋は「勃興」しつつあるのではなく、「再興」しつつある。フランクの新たな世界史解釈によれば、もともとの勝利者も、最終的な勝利者も、西洋ではないのだ。

社会科学や歴史学の認識における西洋中心主義を、容赦なく解体する。近年になってこのような作業を展開したのはフランクだけではなく、その後、より学術的に厳密なまとまった仕事がいくつも現れるようになった。たとえば、米国の経済史家ケネス・ポメランツは、『大分岐』(二〇〇〇年)において、中国が西洋を圧倒していたとまでは言わないまでも、もともと西洋と中国の発展水準は同等であり、かつ双方の経済と社会の姿は驚くほどよく似ていたと主張した。西洋が単独で成長する「大分岐」のプロセスが始まるのは一八世紀からのことにすぎず、それ以前は東と西の先進地域、すなわち中国の長江デルタとイングランドは双子のようだった。その後、後者だけが劇的な産業革命の時代を迎えることができたのは、本質的には偶然の結果にすぎない。すなわちイギリスは、たまたま国内で大量の石炭が利用できたおかげで、そしてたまたま北アメリカの植民地を獲得できたおかげで、安価な資源を調達し、産業革命に突き進むことができたのである。これらは「市場外」の出来事である。

ところで、ポメランツは『大分岐』のなかで、「双方向的比較」(reciprocal comparison)という手法の重要性を指摘している。「相互的」「双務的」あるいは「互恵的」な比較と言ってもいいだろう。A地域とB地域を比較する際に、A地域を規範とし、B地域を規範からの逸脱と見なす一方的な視点で研究に臨んではならない。B地域からすればA地域の方が逸脱に見えるはずだから、逸脱は相互的であるはずだ。互いに相手の立場に立つことで、あるいは双方を等しい距離から複眼的に観察することで、対象が立体的に浮かび上がってくる。双方向的比較は、西洋中心主義から脱却するのに非常に有効な態度だと考えられる。明治維新の時代から長きにわたり、西洋社会を理念型とし、そこからの距離によって日本と非西洋世界の発展段階を評価してきた日本の社会科学にとって、このような発想は新鮮である。

## アジア型の発展径路

ポメランツによれば、東洋と西洋はもともと対等で、互いによく似ており、分岐は必然というより偶然の産物だった。フランクによれば、もともと東洋の方が西洋よりも支配的だったのであり、現在はその状態に復帰する途上なのであった。これらの議論に加えて、東洋の方が西洋よりも正統な、質的に「自然な」発展径路をたどったと主張したのが、イタリアの経済学者で、もともとはアフリカ研究者だったジョヴァンニ・アリギである。

近代経済学の創始者はアダム・スミスだとされる。そして、「スミス的」な経済発展は、市場関係が拡大することで、分業の広がりと深化を通じて生産力が向上し、持続的な経済発展が実現するプロセスとして理解できる。アリギは『北京のアダム・スミス』(二〇〇七年)という一風変わったタイトルの著作において、東洋世界とりわけ中国こそが内発的で自然なスミス的経済発展の径路をたどったのであり、西洋世界の方は、軍事力と対外貿易に依拠する不自然な発展径路をたどったと主張している。西洋はスミスの『国富論』をイデオロギーとして擁護しただけだったが、中国は意図せずしてその中身を淡々と実践し、市場経済の国内的、自己求心的な発展を通じて、一八世紀には平和と繁栄、そして著しい人口増加を経験したのだった。現在の中国の発展は、スミス的な径路の普遍性を世界に証明していることになる。

自然か不自然かはともかく、ユーラシア大陸の西端と東端、すなわち西洋と東洋が、異なる発展径路をたどったことは間違いない。西洋の方が本質的に優れていた、あるいは東洋は西洋のモデルからの逸脱だったと主張することは不適切だという考え方は、学術の世界では広く受け入れられるようになってきている。

地域の生態系が違い、風土が違い、与えられた資源の分布が違っていた以上、西洋と東洋が選んだ発展径路は異なるだけでなく、様々な意味で対照的だったとも考えられる。日本の経済史家の速水融や杉原薫は、産業革命(industrial revolution)と対比させる形で、労働集約的な勤勉革命(industrious revolution)の概念を提示した。イギリスでは産業革命に先行する農業革命において、大量の家畜や農具が導入され、資本集約型、労働節約型の農業が発展した。他方、人口増加によって土地が不足するようになっていた日本や東アジアの農村では、西洋との本格的な接触以前に、労働集約型、資本節約型の農業が発展していった。この発展パターンの違いは、農民の勤勉さ、そして農村家内工業における手作業の職人技を尊ぶ伝統が、二〇世紀東アジアの製造業の急激な発展に貢献するといった形で、その後の東洋と西洋の経済発展の径路に大きな影響を与えていく。

近年の一連のグローバル経済史の研究を見ていると、「勤勉革命」「リオリエント」「大分岐」「北京のスミス」など、名づけの力を感じる。世界の社会科学は西洋中心主義のバイアスを根底から覆す時代に入っており、世界の研究者たちが互いに競い合うように、パラダイムの斬新さを示す言葉を発し始めているのである。かりにアジアの発展径路がヨーロッパの発展径路よりも自然で内発的なものだったとすれば、アジアの発展に牽引された諸国の発展も自然で内発的なものとなり、そこにおいては、一九六〇年代から七〇年代の従属論時代のフランクが問題提起したような暴力的で不公正な中心・周辺関係は、成立しないことになるだろう。

## 消されるアフリカ

それにしても、気になることがある。これらの活発な議論において、アフリカに言及したものがほとんどないのである。ポメランツはアメリカの奴隷労働が西ヨーロッパに安価な農産物を供給したことに少し触れているが(『大分岐』第六章)、もともとアフリカ研究者だったアリギの『北京のアダム・スミス』では、アフリカに関する実質的な記述は何もない。フランクの議論にいたっては、ヨーロッパは奴隷貿易による直接的搾取によってではなく、アジア経済という巨人の肩に乗ることで成長したのだった(『リオリエント』五一―二頁)。

東洋と西洋のライバル関係を重視するあまり、より広い世界システム内部の豊かな接続性が等閑視されている面はないだろうか。ユーラシア世界の接続性を描き出した歴史作品に、J・L・アブー・ルゴド『ヨーロッパ覇権以前』(一九八九年)がある。そこで彼女は、一三世紀のユーラシアの陸と海には自律的で多彩な地域世界が共存する「世界システム」が成立しており、ヨーロッパ世界もその下位システムのひとつにすぎなかったという議論を展開した。イマニュエル・ウォーラーステインの近代世界システムに残存するヨーロッパ中心史観を一掃し、多彩な世界単位が共生する未来を予見するものとして、とても説得力がある歴史叙述である。

アブー・ルゴドの世界システムの内部では、ヨーロッパ、中東、中央アジア、インド、東南アジア、中国といった自律的な地域世界が共存し、協力し、共栄する。だが、彼女の議論においても、共生する家族のなかにアフリカは入っていない。現実には、一三世紀までの北アフリカ、西アフリカ、そして東アフリカ世界もまた、イスラーム商人の活動を通じて密接に地中海、インド洋世界と結びついていたにもかかわらず。

さらに歴史を遡行してみたらどうだろうか。最初のホモサピエンスは遅くとも三〇万年前にアフリカで生まれ、それから一部がアフリカ大陸から外に出て世界中に広がり、各地で生態系

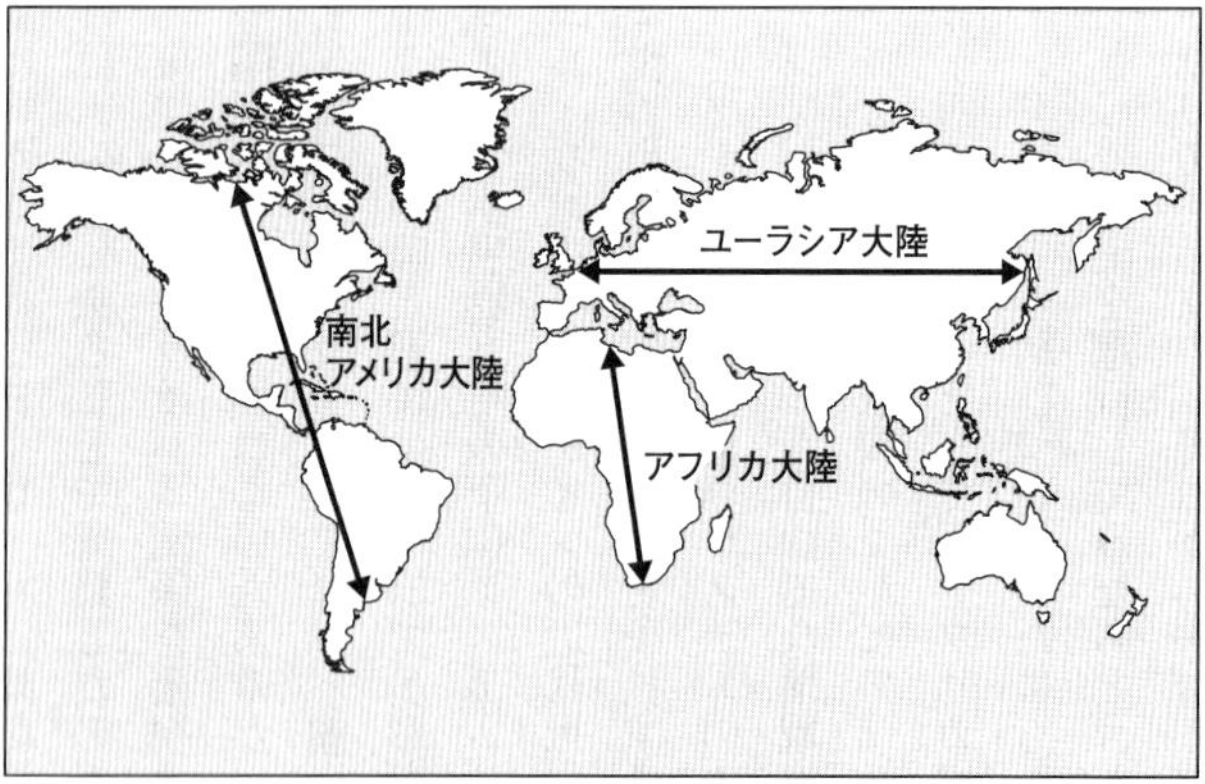


**図 4-1　大陸が広がる方向**

出典：ジャレド・ダイアモンド（倉骨彰訳）『銃・病原菌・鉄──1万3000年にわたる人類史の謎』草思社，2000年，上巻，265頁

にあわせた農業が広がり、文明圏が成立していったとされる。このプロセスを跡づける仕事には、歴史家だけでなく自然科学者も参入している。進化生物学者ジャレド・ダイアモンドの『銃・病原菌・鉄』は、日本でも多くの読者を獲得した。

ダイアモンドの議論は、近年の地政学の流行を先取りするかのような、非常にわかりやすい環境決定論である。ダイアモンドによれば、異なる地域で暮らす人類の諸集団は、西暦一五〇〇年までに、強くて豊かな集団と弱くて貧しい集団に枝分かれしていった。命運をわけた究極の決定因は、図4-1が示すような大陸の形状なのだという。ユーラシア大陸では人間が生存しやすい温帯の自然条件が東西すなわち横方向に広がっていたので、新品種、技術、発明は容易に他地域に伝播していった。そこでは規模の経済も働いたであろう。発明された技術がより大規模に適用され、産出物一単位あたりの費用が低下し、人口が増大し、さらに次の技術進歩が生み出される好循環が成立したのである。

しかし、アフリカ大陸はそうではなかった。縦に伸びるアフリカ大陸の自然は、気候帯に沿って横に輪切りにすることができる。赤道沿いに熱帯雨林、その南と北にサバンナの草原の帯、その南と北に砂漠の帯、という具合である。それぞれの地域ごとに気温や降水量の差が激しいので、最適な生業が異なる。気候帯を越えて農業技術を南北方向に簡単に移植するわけにはいかない。同じことが南北アメリカ大陸にも当てはまる。さらに、アメリカ先住民の生存に致命的だったのは、ヨーロッパ人が家畜との日常的な接触によって身につけた免疫を、かれらは身につけていなかったことである。アメリカ先住民はヨーロッパ人が持ち込んだ天然痘などの新しい病気にさらされ、絶滅に近い状況に追いやられた。

ダイアモンドの議論には、近年の西洋中心主義の自己批判、あるいは「アジア再興」といった議論の流れに対して、周到に挑戦する側面があり、その意味で溜飲を下げた読者も世界には多かったのではないだろうか。西洋が先住民たちの世界を征服できたのは、軍事、技術、健康のすべての面において、一五世紀までに西洋世界が非西洋世界を圧倒するようになっていたからである。西洋が強大になったのは、ユーラシア大陸の自然環境が有利だったからである。歴史の後知恵としては、これらのすべては必然的な因果関係だった。必然的なものを道義的に非難しても仕方がない。過去の「白人支配」が歴史科学的に正当化されるわけである。

だが、ダイアモンドが十分に議論していない因果関係もあるように思われる。ダイアモンドによれば、西ヨーロッパが世界を征服できた根本的な理由は、西ヨーロッパがその一部をなすユーラシア大陸が東西方向に広がっていたことだった。ところが、アブー・ルゴドが『ヨーロッパ覇権以前』で展開したようなユーラシアの東西の豊かな接続性については、『銃・病原菌・鉄』にはほとんど記述がない。ユーラシアの温帯に位置するという地理的な条件に関しては、東アジアも西ヨーロッパも変わらないはずなのに、ユーラシアの東端の中国や日本ではなく、その西端のヨーロッパの方が世界の覇者になったのは、いったいなぜなのだろうか。ヨーロッパの国々が好戦的で侵略行為を競い合ったこと、それとは対照的に中国が内向きの政策をとったこと——中国はフランク的な意味での世界システムの略奪的な中心にはならなかったわけである——は指摘されているが、地理的条件が同じだったはずのヨーロッパと中国の外部世界に対する態度が枝分かれした理由は、ダイアモンドの記述からはよくわからない。

南北アメリカの先住民がヨーロッパ人がもたらした病原菌によって殺戮されたのは事実だが、コインには表と裏がある。同時期にアフリカを訪れたヨーロッパ人たちもまた、次々と伝染病に倒れていったのである。一九世紀半ば、シエラレオネやリベリアなどの西アフリカでは入植したヨーロッパ人のおよそ半分が到着から一年以内に死亡したため、この地は「白人の墓場」と呼ばれていた。感染症に関しては、ヨーロッパ人はアメリカ大陸では勝者だったが、アフリカ大陸では敗者だったことになる。このあたりのダイアモンドの記述も歯切れが悪い。

## 初期条件が成立するまで

アジアの再興を強調する議論も、ヨーロッパの覇権を防衛しようとする議論も、アフリカの存在を世界史から消し去る方向に向かっている。人類の「出アフリカ」から一九世紀の「大分岐」に至るまで、アフリカには人間の社会が存在していなかったかのようだ。第一部で見てきたように、これから百年でアフリカ社会が地球社会において存在感を増していくことはほぼ確実である。ところが、私たちには、アフリカの人々が蓄積してきた過去の時間に関する知識も見識も不足している。

これを補うために、第一部の議論に立ち戻り、再び人口変化という論点をとりあげてみよう。ダイアモンドは、「一般的に、政治単位の人口規模が大きく人口密度が高いほど、技術面や社会構成においてより複雑で専門化された集団が形成される」という。自然環境が温和なところでは定住農業が発展し、食糧生産が増え、マルサス的な食糧の制約が弱まって人口も増え、社会が繁栄していくというロジックである。東洋と西洋の「大分岐」が始まったのは一八世紀か

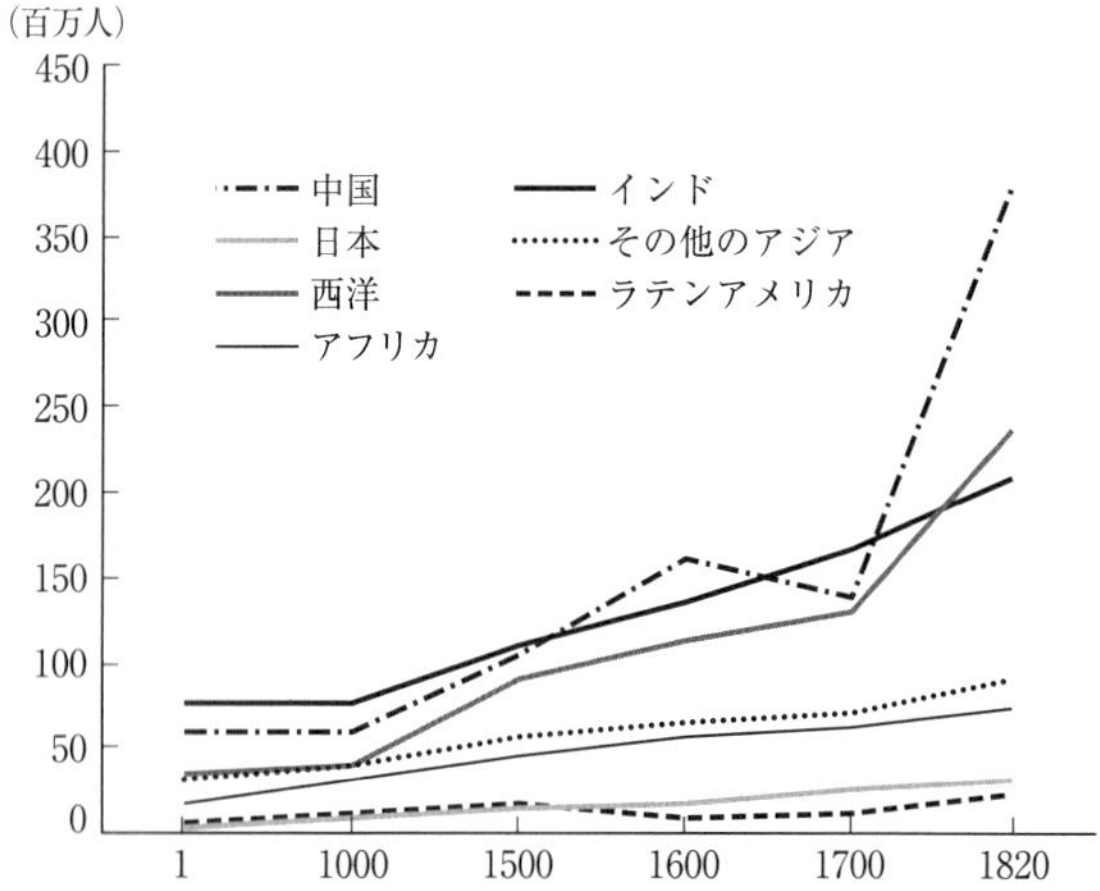


**図 4-2　地域別の人口変化(西暦 1 年－1820 年)**

出典：https://www.rug.nl/ggdc/historicaldevelopment/maddison/releases/maddison-database-2010

ら一九世紀頃だとされる。ここで、東洋と西洋の「大分岐」が始まるまでの長期的な人口と経済活動の変化を、グローバルな枠組みで確認しておきたい。

　イギリス出身の経済史家アンガス・マディソンは、世界のGDP統計の長期推定値を整備したことで知られる。国民所得統計が存在しない約二千年間のGDPを多彩な情報から推定するマディソンの手法は、ほとんど神業である。そこに国別の歴史人口学のような細部の正確さを期待することは不可能だが、ざっくりとした比較はできる。そこで、マディソンのデータベースに基づいて、世界の地域別の人口変化を見ておこう(図4-2)。

　このグラフの横軸の目盛りは均等な配

置ではないことに注意しつつ、西暦一〇〇〇年よりも後の世界の人口変化を観察すると、グラフ上の地域には二つのグループがあることが見て取れる。ひとつは顕著な人口増加を記録した中国、インド、および西洋世界(現在のヨーロッパ、北米、オセアニアに対応する地域)である。とりわけ一八世紀の中国の人口の激増が目を引く。

もうひとつは、長期にわたって人口変化が緩やかだったアフリカ、日本、ラテンアメリカ、そして(中国、インド、日本を除く)その他のアジアのグループである。一五世紀末以降のアフリカの人口は、奴隷貿易がなければ、もっと増えていただろう。マディソンの人口推計によれば、アフリカの人口は一五〇〇年の四六六一万人から一八二〇年には七四二四万人に上昇しているが、この期間は大西洋奴隷貿易の期間とほぼ重なっている。総計で一二〇〇万人とされる青壮年の継続的な人口流出の衝撃は非常に大きかったはずだが、それにもかかわらずの緩やかな人口増加である。ラテンアメリカでは、一六世紀初頭からの人口減少が顕著である。ヨーロッパ人の到来以前のアメリカ大陸の先住民人口については議論が多く、出発点の人口はもっと多かったかもしれない。この地域の人口低下の主要な理由がヨーロッパ由来の伝染病の蔓延であったことは、ダイアモンドが強調した通りである。

同じ地域区分によるＧＤＰの変化を見てみよう(図4-3)。まず気がつくのは、人口変化とほぼ同じパターンでＧＤＰが変化していることである。農業を含む前近代の諸産業はおおむね

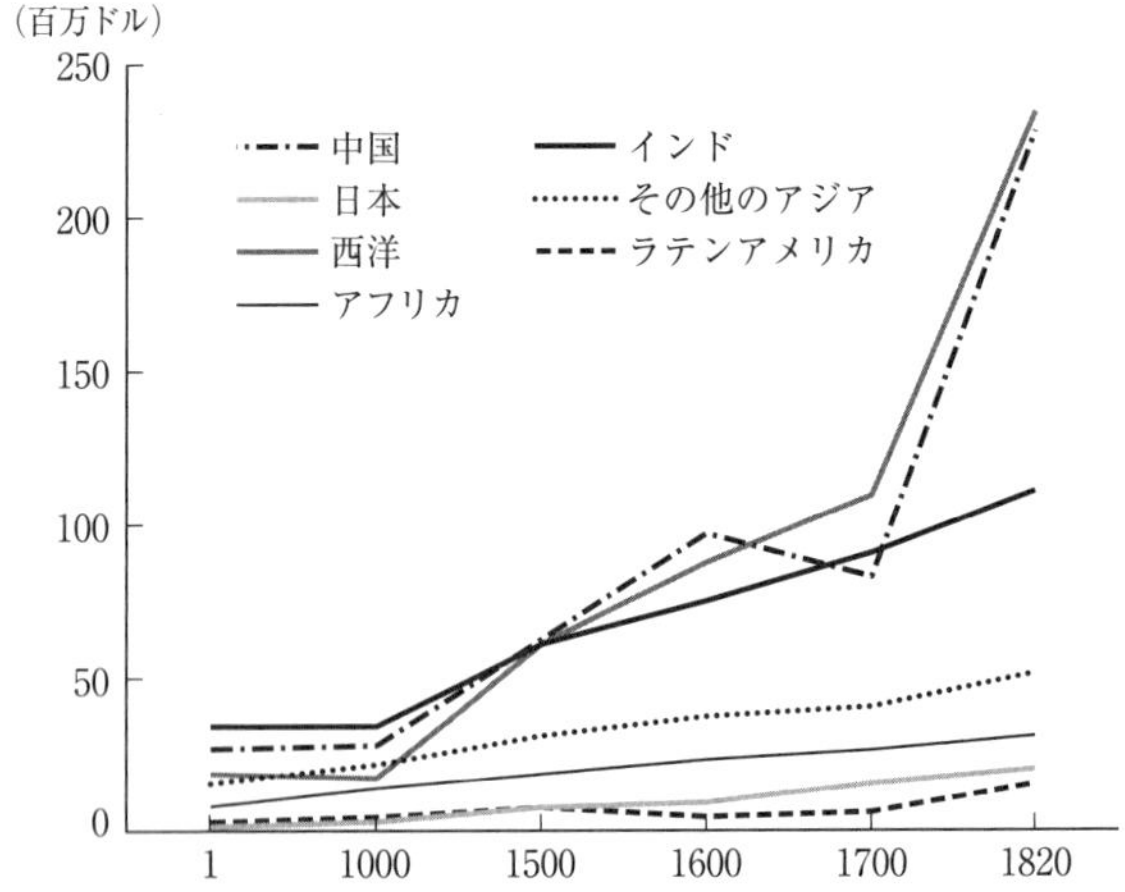


**図 4-3　地域別の GDP の変化(西暦 1 年－1820 年)**

出典：図 4-2 と同じ

労働集約型だったから、人口が増えると産出高も増えるという因果関係が存在していたはずだが、他方では、食糧生産が増えてその地域の人口扶養力が高まると、それに応じて人口が増えるという好循環もあったはずである。ポメランツの整理によれば、一八世紀の中国の人口増加は、先進的な長江流域よりも、華北などでの農業生産の向上の影響が大きかったようである。図4-2と図4-3を比べると、一八世紀の西洋世界では経済成長ほどのペースでは人口が増加していないことが示されている。ただし、マディソンによると経済先進地イギリスの人口は、一七〇〇年の八六〇万人から一八二〇年には二一二〇万人、一八七〇年には三一四〇万人へと、同時期の中国を上回るペースで増えている。

マディソンのデータを見る限り、西洋列強の開国の圧力が感じられるようになった一九世紀初頭まで、日本の人口とGDPはさほど急激には伸びていない。日本の爆発的な経済成長はその後に起きた出来事である。図4-2をよく見ると、一八世紀には日本の人口増加のペースが落ちている。当時の日本の農村では、独身の選択や晩婚、堕胎や間引きを含む(国家に強制されたものではないという意味で)「自発的」な出生制限、そして生存に不向きな都市への移動によって、人口増加が抑制されていたと考えられている。その一方、農業生産を含む経済活動は人口増加率を上回るペースで拡大していたから、開国までの期間、日本の一人あたり所得は緩やかに増大していた。人口を抑制することで、今を生きる者の豊かさを維持する。江戸後期の日本では、現代中国の一人っ子政策に対応することが、下から実践されていたわけである。

図4-2と図4-3を比べると、一七〇〇年と一八二〇年の間、中国の人口とGDPは同じペースで伸びていて、一人あたりのGDPは成長していないというのがマディソンの計算である。一八二〇年の一人あたりGDPは、産業革命をくぐり抜けた西ヨーロッパが一一九四ドル、中国が六〇〇ドル、日本が六六九ドルとなっている。しかし、当時の東西の所得格差はマディソンの推定ほど大きくはなかったという議論もある。いずれにせよGDP総額を見れば、マディソンのデータは、当時の西洋と東洋が経済発展において並び立つ地域であったことを表現して

いる。

### 「緩やかな発展」から学ぶ

「大分岐」の前の世界を見渡すと、東洋(とりわけ中国とインド)と西洋(ヨーロッパとその温帯植民地)というユーラシアの両端の世界では人口が増え続け、経済規模も大きく拡大していったようである。しかし、ヨーロッパの植民地が世界を覆った一九世紀後半から二〇世紀になると、西洋世界の人々はアジアとアフリカを未開の地と見なすようになった。その百年後、東アジアは「失地回復」へと向かい、長きにわたって発展のシーソーゲームを繰り広げてきた西洋と東洋の力が再び拮抗する時代が訪れた。それが二一世紀の現在である。

他方、人口の増加がそれほど劇的でなかったアフリカ、東南アジア、ラテンアメリカといった地域は、自然条件が厳しく、人口が分散し、技術水準は低く、西洋世界から離れ、中央集権的な政治制度はあまり発展しなかったと考えられてきた。西洋の基準からすれば遅れている、あるいは逸脱している社会だと見なされる構図が続いているのである。

しかし、ここで、ポメランツが強調した双方向的比較の視点、すなわち、互いに相手を自らからの逸脱と見なす視点を導入してみよう。過去千年にわたり、人口変化も経済成長も緩やかだった社会をそれ自体として観察してみる。そのような社会は、西ヨーロッパや中国の社会と比べて何かが劣っていたのだろうか。ダイアモンドの『銃・病原菌・鉄』の出発点は、なぜラテンアメリカの先住民はヨーロッパを征服しなかったのか、という問いだった。征服しようとは思わなかったし、征服する必要もなかった、と答えてもよいのではないか。西洋世界の武器や重工業製品へのフェティシズムから、私たちはそろそろ自由になってもいいだろう。逸脱したのは西洋の方だったのかもしれないのだ。

次の第五章では、アフリカや東南アジアの相対的に人口希少な社会が有する固有の特質について考えてみることにしたい。アフラシアの内部において、相対的に小さな国々が相対的に大きな国々の振る舞いを制御し、広大な空間的まとまりを維持しながら、人間主義的な理想を開花させる未来を構想できないものだろうか。そのようなことを考えながら、まずはアフリカを中心に小人口世界の過去を振り返ってみよう。

# 第五章　大陸と海のフロンティア

## 土地と人間

アフリカは自然が豊かであり、そこで暮らす人々は自然と共生する知恵を発展させてきたとされる。人間による環境破壊の程度を計測する手法のひとつに、エコロジカル・フットプリント（EF）がある。私たちは自然由来の資源を大量に消費して生活している。これらの資源を再生産していくのに必要な陸地と海洋の総面積（単位は平均的な生産力をもつ一ヘクタールの土地、すなわちグローバルヘクタール）を概算し、一人あたりで表現したものがEFである。フットプリントは「足跡」である。EFは、人類が地球をどれだけ踏みつけているかを示していることになる。

口絵11を見てみよう。世界の主要な国および地域の一人あたりEFは、二〇一四年について、米国が八・三七ヘクタール、日本が四・七四ヘクタール、ヨーロッパが四・六九ヘクタール、中国が三・七一ヘクタール、アフリカが一・三九ヘクタール、インドが一・一二ヘクタールなどとなっている。地球で暮らすすべての人々のEFを合算すると地球の表面積の一・六九倍に達しており、すでに持続可能ではない。だが、世界の平均的な人間の自然資源の消費量が平均的なアフリカ人やインド人と同じ水準になれば、地球環境問題の大部分は解決するだろう。持続可能な発展を実現させる方策は簡単で、世界の人々がアフリカ人のように生きればよいということになる。不便な生活を心配する必要は、あまりない。アフリカのモバイル端末（携帯電話とスマートフォン）の契約者はすでに大陸の人口の五〇パーセントほどに達しており、太陽光発電や5Gサービスも急速に普及しようとしているからだ。

とはいえ、自然に対して優しいのがアフリカの伝統的な価値観かというと、必ずしもそうではない。アフリカ人の本来の自然観は、壊れやすい自然を守り、慈しむというものではなく、むしろ敵対的な自然と闘い、人間的な空間を少しでも拡大し、生き延びようとするものだった。アフリカ史家ジョン・アイリフは、「アフリカ人は、人類全体を代表し、世界でも特別に敵対的な地域に入植してきた開拓者（frontiersman すなわちフロンティア人）であったし、今もそうである。これが歴史に対するアフリカ人の最も重要な貢献だった」と表現する。マラウイには、「世界を作るのは人間だ。叢林にはその傷跡がある」ということわざがある。動物を保護するという感覚も少し違う。アフリカ各地の昔話では野生の動物が生き生きと動き出し、人間のように振る舞い、人間の言葉を話す。

熱帯アフリカは、けっして人間に優しい自然環境ではなかった。歴史的に見て、アフリカの人口増加率が長期にわたって低かった理由はいくつかある。第一は疾病である。ハマダラカが媒介するマラリア、ツェツェバエが媒介する睡眠病、そして天然痘、ペストなどの疾病は、ヨーロッパ人が到来する前からアフリカに存在しており、とりわけ熱帯での風土病はアフリカの人々を苦しめた。アフリカほど致命的ではなかったにせよ、東南アジアの熱帯雨林も入植地の拡大を阻んだ。第二に、農耕が広がった地域でも、干ばつやイナゴの大発生などによる大飢饉が、局地的に人口を急減させることがあった。第三に、外敵とりわけヨーロッパ人の侵入による社会の攪乱があった。これらの一連の衝撃を乗り越えてアフリカの人口が順調に増加するようになったのは、ようやく二〇世紀後半からのことである。

第二章では、世界の人口密度の現状と予測される未来を地図で示しておいた(口絵5、口絵6)。ここで、現代に至るまでの主要国・地域の人口密度の歴史的変化を数字で見ておこう(表5-1)。厳密にいえば、単純に一人あたりの土地の広さを比べても、人口希少社会あるいは人口過剰社会とは判断できない面がある。理由はいくつかある。第一に、土地がいくら広くても生産要素として人間が利用できるとは限らない。西アジアや北アフリカの砂漠、シベリアのツンドラや氷雪地帯は定住農耕に適さないし、人間の居住もけっして容易ではない。第二に、まったく異なる場所から制度が移植されることがある。北アメリカにはイギリスとフランスの、

**表 5-1　世界各国・地域の人口密度の変化**

| 国・地域 | 1500年 | 1700年 | 1900年 | 2009年 |
|---|---|---|---|---|
| インド | 33.5 | 50.2 | 86.6 | 352.0 |
| 日本 | 40.7 | 71.4 | 116.7 | 336.2 |
| ドイツ | 33.6 | 42.0 | 152.2 | 230.4 |
| 中国 | 10.7 | 14.4 | 41.7 | 138.7 |
| インドネシア | 5.6 | 6.9 | 23.7 | 121.0 |
| アフリカ | 1.5 | 2.0 | 3.6 | 32.6 |
| 米国 | 0.2 | 0.1 | 7.8 | 31.2 |
| ラテンアメリカ | 0.9 | 0.6 | 3.4 | 30.4 |
| ソ連 | 0.8 | 1.2 | 5.6 | 12.6 |

(1平方キロメートルあたり人数)

注：現存する(ソ連の場合は存在した)国家の領土に対応する地域の人口密度を示す．2009年を除き，インドネシアの人口には東チモールの人口が含まれる

出典：図4-2の出典の各年の人口を各国・地域の面積で除したもの

ラテンアメリカにはスペインとポルトガルの、オーストラリアとニュージーランドにはイギリスの制度が移植され、本国の価値観を深く身につけた入植者たちが定住した。これらの場所では、人口過剰地域の制度が人口希少地域において支配的になったのである。

以上をふまえながらも、表5-1を全体として眺めると、各地の人口密度には長期にわたって大きな差があることがわかる。たとえば、一九〇〇年のアフリカの人口密度は一平方キロあたり三・六人、日本のそれは一一六・七人だった。アフリカ大陸には広大な熱帯雨林や砂漠があり、日本には居住しにくい山地があることを考慮する必要があるが、いずれにせよ約三〇倍という密度の違いは大きい。これらの二つの場所では、土地と人口の比率の違いに即して、人と人のつ

ながり方も非常に異なる形で発展してきたであろうことが想像できる。

## 小人口世界の自由な人々

広大な土地に人口が分散する社会は、人間社会の始原の状態に近いと考えられる。その後、定住農業が軌道に乗った地域では人口が増え、政治システムは複雑化し、階層秩序が発展してきたという発展史観が有力である。その一方で、始原の豊かさから人間は堕落の一途をたどったという考え方もある。近現代の社会のあり方は、西洋であれ東洋であれ、人間が人間らしく生きられないという意味で自然に反するようになったというのである。西洋世界において、こうした人間社会の道徳的下降を体系的に批判した初めての哲学作品に、ジャン＝ジャック・ルソーの『人間不平等起源論』(一七五五年)がある。そこには次のような一節がある。

野生人は、食事をすませてしまえば自然全体とともに平穏に過ごし、自分の同類たちみなの友である。食べ物を争うようなことになったら、どうなるだろうか。殴り合いになる前にまず、必ずや、相手をやっつけるのと、よそで食べられるものを見つけるのと、どちらが難しいかを天秤にかけてみるはずである。それに、たたかうといっても、傲慢が入り込むことがないので、何度か殴るだけでおしまいになる。勝者は食べ、敗者はよそに幸運を探しに行き、万事が静まる。ところが、社会の中で生きる人間では、事情がまったく違う。まずは必要不可欠なもの、ついで余計なものを与えなければならない。さらに、無上の喜びをもたらすものが、莫大な富が、さらに、家来が、奴隷が、と続いて、一休みもできない（ジャン＝ジャック・ルソー［坂倉裕治訳］『人間不平等起源論』講談社学術文庫、二〇一六年、一五八－九頁）。

ルソーはこうも書いている。「ある木から追い出されたら、私は別の木に移ればよいだけのことである。ある場所で誰かに苦しめられるなら、私がよそに行くのを誰が妨げるというのだろう」（同右、九一－二頁）。自然状態の人間は、目の前の食べ物をめぐって隣人と喧嘩するくらいなら、別のところに食べ物を探しに行くわけである。ただし、「よそに幸運を探しに行」くことができる前提条件は、別のところに無主の土地があり、そこに食べ物があることだ。私有財産に執着して堕落する前の自然状態の人間たちは、地主がいないフロンティアに囲まれた小人口世界で自由に暮らしていたことになる。

ある土地に囲いをして、「これは私のものだ」といおうなどと思いつき、こんなたわごとを信じるほど純朴な人々を見いだした最初の人こそ、政治社会の真の創始者であった。

杭を引き抜きながら、あるいは堀を埋めながら、「このペテン師のいうことを聞いてはいけない。果実はみんなのものであり、土地は誰のものでもないということを忘れたら、あなたたちはおしまいだ」と仲間たちに叫んだ人がいたとしたら、人類はどれほどの犯罪、戦争、殺戮を、どれほどの悲惨と恐怖を免れることができただろう(同右、九五頁)。

小人口世界では、土地に囲いをする必要はない。隣人が利用しているのと同じような土地を、別のところでいくらでも手に入れることができるからである。そのような世界には世襲の不動産がないから、階級や階層が社会のなかで固定化されることもない。

人はちょっとした小競り合いの後で移動するのではなく、むしろ争いを防ぐために、新たな土地に移動することもあっただろう。広い砂浜に座る際には、わざわざ見知らぬ先客の近くに行くのではなく、少し離れたところに座ろうとするのが人間の心理である。ルソーによれば、人間は生存するために、協力するよりもむしろ別々に生きようとする。その一方で、人間は情念によって互いに結びつく。言語が生まれるのは、この結びつきによる。

人間たちを遠ざける原因から彼らを集める手段が生ずるというのは不条理だろう。ではこの起源はどこから来るのだろうか。精神的な欲求、情念からである。生きる必要によって互いに避け合う人間たちを、すべての情念が近づける。人間たちから最初の声を引き出したのは、飢えでも渇きでもなく、愛、憎しみ、憐憫《れんびん》の情、怒りである（ルソー［増田真訳］『言語起源論』岩波文庫、二〇一六年、二四頁）。

野生人（自然人）が生きる自然状態は、あくまでルソーの思考実験による仮説的な状態である。それは、人は自分が何者であるかを知らずに社会に参入するという、哲学者ジョン・ロールズの「無知のベール」と同じような思考の手続きである。したがって、ルソーが述べたような活動的で平和的で自由な野生人が歴史の一段階において本当に存在していたか否かによって、ルソーの議論の価値が左右されることはない。

## 囚われた自然人

そうはいってもルソーは、『人間不平等起源論』を執筆するにあたって、アフリカやアメリカ、太平洋の先住民、そしてヨーロッパの奥深い森で暮らす民に関する同時代の報告からインスピレーションを受けていたようである。ルソーは、南部アフリカで狩猟採集・牧畜を営むコイコイ人が自然を相手にする生業の達人であることを指摘した後で、ヨーロッパからやってきた奴隷主がコイコイ人の子どもを引き取り、キリスト教に改宗させ、教育を施し、西洋の服を着せ、西洋の言語を教えたという逸話を紹介している。このコイコイ人は成人し、インドネシアでオランダ東インド会社の仕事に従事した後で、故郷のケープタウンに戻った。すると彼は、自分に教育を与えてくれた気まぐれな奴隷主に丁寧に別れを告げ、西洋の衣服を脱ぎ捨てて同胞のもとへと立ち去り、それから二度と戻ってこなかったという。ルソーはこの逸話がたいへん気に入ったようで、これを題材にした銅版画を『人間不平等起源論』の初版の扉絵に使っている。

しかし、ヨーロッパ人とコイコイ人の出会いには、ルソーが知らない続編の話がある。一七八九年に南アフリカで生まれたサラ・バールトマンというコイコイ人の女性がいた。婚約者をオランダ人入植者に殺害された後、サラは奴隷として売られ、ケープタウンに連れて行かれた。一八一〇年、彼女はイギリス人の船医が示した契約書にサインさせられ、イギリスに移送された。ロンドンに到着したサラは、ピカデリーの見世物小屋に収容され、檻に入れられた状態で陳列されることになった。「お尻が大きい野蛮人」を見るために、ヨーロッパの各地から見物客が訪れる。四年後、彼女はフランスに売られ、今度はパリで動物小屋に入れられ、全裸に近い状態で見世物になった。サラはコイコイ語に加えて、英語、オランダ語、フランス語も話したが、アルコールを手放せなくなっていたという。

ルソーの『人間不平等起源論』は、革命を経た当時のフランスで広く読み継がれていたはずである。しかし、ルソーの自然人への憧憬は、「ヨーロッパ人種」を頂点に位置づける進化生物学への大衆的な関心の前には、まったく無力だったようだ。当時、サラはフランスの生物学者の大きな関心を引きつけ、霊長類と人間の中間段階を示す科学標本として生きたまま研究対象となった。一八一六年に二六歳で亡くなったサラの遺体は石膏で型をとられ、解剖され、脳と女性器はホルマリン漬けになり、一九七四年に至るまでパリの人類博物館に陳列されていた。

一九九四年に南アフリカの大統領に就任したネルソン・マンデラは、ミッテラン政権末期のフランス政府にサラの遺体の返還を要求した。シラク政権のフランスは返還に同意し、二〇〇二年、彼女の遺体は生まれ故郷の丘に地元のコミュニティの人々によって埋葬された。南アフリカ政府は、この地を含む広大な農村地帯をサラ・バールトマン郡という自治体に改名し、尊厳の回復に取り組んでいる。二〇一五年には、彼女の墓碑に悪意の集団が白いペンキをかける事件が起きている。

### 小人口世界の広がり

ヨーロッパとアフリカが出会う前の世界に戻ろう。現在のアフリカ大陸の住民の多数派を占めるのは、バントゥー系の人々である。バントゥー人は言語学的にはスワヒリ語を含むバントゥー諸語の話者として定義されるが、村の周囲のフロンティアへの移民を通じて居住空間を拡大させていった人々である。もともとは現在のカメルーン付近で暮らしていたが、それから紀元一〇〇〇年までに、サハラ砂漠以南のアフリカのほぼ全域で暮らすようになった。バントゥー人の居住圏の拡大は、ローマ帝国やイスラーム帝国の拡大と同時期に起きたことである。

バントゥー系の農民たちは、焼き畑農業を営み、地域の生態系に応じてキャッサバ、ソルガム、トウモロコシなどを栽培していた。可能な場所ではウシ、ヤギ、ラクダなどの牧畜も行うようになった。そして、南北に広がる大陸の多彩な環境に適応し、熱帯雨林やサバンナの叢林を切り拓き、少しずつ生存圏を拡大していった。各地の先住者である狩猟採集民と生活空間を住み分けたり、かれらを吸収したりすることもあった。

社会の編成原理として、豊富な土地に囲まれる社会の政治システムは分散的になる傾向がある。首長国や王国のまとまりがあって、その内部で資源や政治権力をめぐる紛争が起きたらどうなるだろうか。それらの政体の周囲に無主の広大な土地があるならば、不満を持つ者は権力者と喧嘩する必要はない。手下を従えて退出し、別のところに新しい統治体を作ればいいし、そこに複数の集団が合流することもあるだろう。ルソーが『人間不平等起源論』で描き出した野生人の行動の骨太なロジックが、現実に機能するはずである。そうすると、政体は分裂と合流を繰り返し、それらの勢力範囲は絶え間なく変化していくことになる。

とはいえ、移動可能な空間を全体として見ると、そこには社会的な均衡が成立しているかもしれない。まず人々は、疾病が少なく、生業に適している土地に住み着く。居住地は外延的に広がることもあれば、少し離れた場所に新たな居留地ができることもある。遠くから見ると、大小の水玉模様が現れては消え、それらが出現する空間が少しずつ広がっていく。集団の動きは粘菌の動きのように見えるかもしれない。

逃げてもよいが、居座ってもよいし、他の集団と合流してもよい。ルソーが言うように、人は生存のために離れるが情念によって結びつくのだとすれば、人望ある指導者のもとに大勢の臣民が自発的に集まることもあるだろう。アフリカでは交易の結節点において、巨大な王国や帝国が何度も出現している。西アフリカではガーナ(四世紀から一一世紀)、マリ(一三世紀から一五世紀)、ソンガイ(一五世紀から一六世紀)、中東部アフリカではコンゴ(一五世紀から二〇世紀)、ブガンダ(一七世紀から)、南部アフリカではモノモタパ(一四世紀から一五世紀)、ズールー(一九世紀から)などが知られている。そのなかには現在まで続くものもあれば、数百年で消滅したものもある。他の王国に侵略され、占領されるというのではなく、いつの間にか地図から消えるのである。

そのような事例を示す歴史的遺産のひとつとして、グレート・ジンバブエが知られている。この見事な曲線美を示す南部アフリカの石造建築は、琉球王国のグスク(城)群とよく似ている。沖縄の各地を訪問した後でジンバブエを訪れる——順番は逆でもよいのだが——者は、既視感に襲われるだろう。職人技の蓄積、高度な分業と調整力、デザイン力がなければ、こうした建築物は存在しえない。ジンバブエの遺跡はインド洋から直線距離で三〇〇キロ内陸部に位置するが、沖縄各地のグスクと同様に、中国産の陶器も発見されている。グレート・ジンバブエは一一世紀から一五世紀にかけて造営された後、放棄された。地元の生態系が住民の増加を支えることができなくなったのが理由のひとつだったと推測されている。万単位だったともされる住民の経済活動により、叢林が後退していったようである。

小人口世界の内部に人口稠密な空間ができあがるのは、アフリカに限ったことではない。同じく移動性が高かった東南アジアの海洋世界では、ジャワ島の存在が突出していた。肥沃な火山性土壌、豊かな水、比較的冷涼な気候に支えられて、ジャワ島には強力な王朝が何度も成立した。八世紀から九世紀にかけて建設されたボロブドゥールの石造建築は、イスラームが伸張する前の東南アジアにおけるインド的な文化の基層を示している。ただし、この島においても、全土を制圧する中央集権国家が永続することはなかった。

## 移民と多文化主義

現代の世界では、国境を越えた自由な人の移動は原則として認められていない。人口密度が高い中央集権的な社会では、土地と人間は中央権力によって捕捉され、測られ、登録されることになる。人が他者に縛られずに移動できる行為は、旅行だけである。しかし、旅の終点が起点と異なれば、人はそこで再び登録される。

そのような制限があってもなお、東南アジアの漁民が別の島々に渡ったように、そしてアフリカの農民が山の向こう側の森に火を入れたように、今でも人は移動し続けている。仕事がうまくいって家族を呼び寄せたり、新しい家族ができたり、留学先の国で落ち着いたり、裏切りや失望を経験して母国の村に戻ったりと、矢印は様々であるが、第三章で見たように、国境を越えた人間の移動はますます「南の現象」になりつつある。

そこで、様々な場所において定住者と移民の出会いが生まれることになる。受け入れる定住者の側と参入する移民の側の関係を律するために、欧米諸国の多くは多文化主義と呼ばれる政策原理を採用してきた。その原理を最も体系的に唱道したのは、カナダの政治学者ウィル・キムリッカだろう。だが、その政策は、多文化主義という言葉のイメージほどに寛容なものではなかった。キムリッカは、自発的に自分の国を出て移住してきた人々は、移住先の文化に徐々に統合されていくべきであり、エスニックな母国語での公教育を制度的に要求したりする資格はないと主張した。母国を捨てた者に対して、受入国が費用を負担してまで民族教育を施す必要はないというのである。

高度な自治権の保障が検討されるべきは、自分たちは独自のネイションであると主張できるような大規模な集団、たとえばカナダのフランス語圏コミュニティなどの場合に限られる。その他、移住を強要されたアフリカ系アメリカ人、あるいはジェノサイドの対象となった先住アメリカ人などの場合は道義的に慎重な対応が必要となるだろうが、自分の意思で移住してきた人々とその子どもたちについては、受入社会への統合が基本となる。それぞれの出自の文化を尊重するのは、統合をより円滑なものにするためである。

だが、マイノリティの統合を進める手段だったはずの多文化共生も、二〇〇一年の九・一一事件を転換として、欧米世界で激しいバッシングを受けるようになった。少数派の文化の存在を認める多文化主義によって少数派が甘やかされ、そこから秩序を破壊する原理主義者が育っていったというのである。少数派の側もパターナリスティックな多文化主義秩序を擁護しようとはしなかった。二一世紀に入って多文化主義は左右から批判を受け、その社会規範としての力は一気に弱まった。

## よそよそしい共存

政策としての多文化主義は終わったかもしれない。しかし、統合を求めない多文化主義、あるいは、規模の大小を問わず文化的な集団が互いを尊重して共存する「状態」としての多文化共生を想定することはできないものだろうか。そのような着想を得たのは、筆者が東京の下町で過ごしていたときだった。耳に入る言葉で判断すると商店街を歩くのは日本人が多数派だと思われるが、フィリピン人、ネパール人、パキスタン人、中国人、韓国人、欧米人などの定住者の姿も目立つ。買い物での小銭のやりとりを除いて、地元の人々と移民たちが積極的に交わっている様子はない。よく観察すると、出身地を異にする移民たち同士もそうだ。しかし敵意は感じられない。かといって、互いにまったく関心がないわけでもない。お祭りでサンバの山車が商店街を練り歩くと、少し離れたところから、皆が好奇心たっぷりに眺めている。距離を保ちながらお互いに何かが響くような感覚は、意外に心地よいものである。

イギリスの植民地官吏J・S・ファーニバルは、『植民地政策と実践』(一九四八年)という本のなかで、東南アジア社会を「複合社会」と特徴づけた。多数派の地元民(たとえばマレー人)、そして少数派のインド人、中国人などは、市場で取引はするけれども、国民的な一体感をもつことはない。「かれらは混じり合うが、結びつかない」のである。植民地社会の底流にはイギリス人の権力者にはわからない結びつきもあっただろうが、分かれて暮らしながら共存するという構図は、現在の東南アジアの国々の都市社会でも見て取ることができる。

第三章で触れたように、アフリカ大陸では多くの中国人移民が暮らしている。アフリカ人も中国人も、内輪では相手の悪口を言うが、暴力的な対立にまで発展することは多くないし、そもそも中国人の商店には地元の顧客がいるから商売が成立している。逆の構図として、中国の都市に商品を買い付けに来るアフリカ人商人も目立つ。アフリカ人の滞在者は中国人の差別的な振る舞いに怒るが、自分が中国人になりたいと願うわけではない。

西洋世界の多文化主義は終わったかもしれないが、アフリカやアジアの国民国家のレベルでは、「よそよそしい共存」が成立している空間がある。抽象的な個人の社会契約にもとづいて制度を設計しようとするガバナンスの伝統は、著しく西洋的なものである。ひるがえって非西洋世界の国民国家には、良かれ悪しかれ、移民政策のグランドセオリーは存在しない。恭順しない者は追い出そうと威嚇するが、本当に追い出すとは限らない。そこで生まれる共存の状態は、壊れやすい均衡だとも言える。すなわち、平和的な共存も暴力的な排除も、行き当たりばったりなのである。

このような状態の積極的な側面を理念型として描き出すことはできないだろうか。つまり、抽象的な個人ではなく、多様な人間の存在を前提として、そのような人々が自由に参入し退出するような社会の仕組みを、思考実験として提案することはできないものだろうか。それは、ルソーの野生人の世界に対応するガバナンスの秩序を考えることでもあるだろう。

**自由な群島**

人々は移動し、共存する。小競り合いが起きれば、立ち去ることもある。人々の動きを妨げる障壁は存在しない。そのようなルソー的な自由社会の編成原理に近いものを描き出したのが、インド系市民としてマレーシアに生まれた哲学者チャンドラン・クカサスである。

クカサスの『リベラルな群島――多様性と自由の理論』(二〇〇三年)の前提は、人間の多様性――価値というより事実として――を承認することである。人間が多様だからこそ、他者の事柄には干渉しないというリベラリズムの思考が大切になる。リベラリズムの根幹には、結社の自由、そこから脱退する自由、そして集団どうしの相互的な寛容の原則がある。クカサスによれば、結社の自由が根本的な価値だと考えるべき根拠は、まずもって良心の自由にあるという。自分の良心に従う行動が他者とは異なる場合、人は行動を強制されてはならない。それは人々が別々に行動することを意味する。そうやって多様な人間が多様な結社を形成するのだが、これらは互いに「結合」するのではなく、違いを認めて「共存」することが求められる。こうして、成員に自由を保障するリベラルな社会は、競合し重なり合う多くの権威によって構成される「群島」として自己の姿を現すことになる。

この仕組みがうまく機能するためには、組織から脱退する自由が保障されるとともに、脱退した個人を受け入れてくれる他の組織が存在することが必要である。クカサスによれば、主権というものは程度の問題であり、政府もまた数多くの結社のひとつにすぎない。世界政府が存在しない国際社会において、出入国管理がすべて撤廃されたと仮定すると、その姿はクカサスが考える理念的なリベラル社会に近いものになるだろう。

国際社会は群島――海に幾多の島がある――である。それぞれの島は分離した領域をなし、海によって他の島々と隔てられている。ある島の状況や行く末に他の島々は関心をもたない。〔…〕これらの島に住む人々は、願望も気質も互いに異なっている。〔…〕自分の居場所に満足しており、大洋に乗り出す危険を冒そうとは思いもしない者がいる一方で、最高の楽園のような環境を捨てて、海の向こうの未知の機会を求めて旅立とうとそわそわしている者もいる。住民たちには島を離れる自由があり、かくして海には船が点在している。既存の航路にそって動く船もあるし、海図がない場所に迷い込む船もあるのだが、一目でわかる目的を示しながら動く船はない（Chandran Kukathas, *The Liberal Archipelago*, Oxford University Press, 2003, pp. 28–9）。

かつての自由な海洋世界の秩序は、実際にこのようなものだったのかもしれない。国と国の経済格差が縮小することを、そして、「人を殺してはならない」といった基礎的な人倫の規範をすべての個人と集団が受け入れることを前提として、この暗喩が描き出すような自由な世界の現前を夢みることは楽しい。国内を旅するように世界を旅し、どこかで故郷を見つけるのだ。

問題なのは、そのような移動、結社、脱退の自由が今ここで支配的であるとは言えないという現実である。ミャンマーのロヒンギャたちは生まれ育った村から追い出される。逆に、パレスチナのガザで暮らす人々は、狭い空間に閉じ込められ、砲撃の犠牲になる。東京の下町の「よそよそしい共存」と同じ時間に、新大久保では暴力的な街宣行動があった。動きようがない者が追い出され、動きたい者が閉じ込められる。さらに、潜行する人身売買は国際関係の地下茎を形成している。自発的な移動の権利が否定される事態は、その権利の大切さを浮き彫りにしているとも言える。

植民地化以前のアフリカや東南アジアには、硬質な中央集権国家はあまり存在していなかった。西洋との接触以前、千年単位の歴史によって形づくられた流動的で分散的な小人口社会の特質は、現代のアフリカ連合(AU)や東南アジア諸国連合(ASEAN)などの地域機構の組織原理にも影響を与えているように思う。かつて欧州連合(EU)は、ギリシアやポルトガルに対して緊縮政策を要求し、組織内の小国を無理矢理締め上げるような態度をとって求心性を弱めたが、こういうスタイルの政治はAUやASEANでは考えられない。境界線にはあまりこだわらず、組織内の大国と小国が共存しながら、コンセンサスで物事を決めていく。外から見ているとまどろっこしく、あまり効率的ではないかもしれないが、協調的な枠組みで内部のもめ事を解決していくスタイルは、アフリカと東南アジアの地域機構ではそれなりに定着している。

西洋世界の多文化主義の実験は破綻したかもしれないが、諦めるのは早すぎる。西洋世界に向けるのと同じだけの実践的、思想的な好奇心をもって、非西洋世界における寛容と共存の実験に目を向けていこう。

## 「命令と管理」から「調整と育成」へ

異物を排除せず、人々の多様な結社の動きを妨げず、それらの共存を促進しようとする国は現実に存在しうるだろうか。領域の内部で複数の主権が共存する多元的な国家の構想は、主権国家は単一かつ絶対でなければならないと考える人々を不安にさせるだろう。第二次世界大戦前、ドイツの政治学者カール・シュミットは、『政治的なものの概念』(一九三二年)という著作で多元的国家の構想を排撃し、非常事態における単一の主権者による意思決定を擁護する論陣を張ったものである。

だが、二一世紀の今日、意思決定システムを分散させ、多様な人々がグループを自主的に結成し、解散し、移動していくという仕組みそのものは、すでに世界の様々な場所で十分に定着している。第二次世界大戦後、「南」の国々に対して国家意思としての介入戦争を何度も主導してきた米国においても、分権的なシステムは規範的な地位を獲得している。米国は五〇の州に強い権限を与えている連邦国家であるが、それだけではない。米国の先端のビジネスモデルそのものが、本章で述べてきた小人口世界の生活様式と似ている多元的で流動的な様式に近づきつつあるのだ。

マサチューセッツ工科大学（MIT）の経営学者トマス・マローンは、人類世界は孤立、分散、自由に特徴づけられる狩猟採集民の世界から、中央集権的な階層社会へと向かい、いま再び分散的なネットワーク社会へと移行しつつあると主張する。「命令と管理」にもとづく厳格な階層制度は軍隊には向いているかもしれないが、情報ネットワーク社会には適合しない。イノベーションを続けて前進しようとすれば、分散的なシステム、すなわち関係する者を意思決定に参加させることで一人一人の創造性、主体性、責任感を強め、組織の柔軟性を確保することが必須の条件になる。最新のネットワーク・ビジネスの動きは、人間が遠い昔に手放した自由を取り戻すことでもある。階層社会を解体しても個人が孤立しないのは、印刷物から電信・電話、インターネットへと、情報伝達のコストが劇的に低下したおかげである。

マローンによれば、これからの指導者に求められるのは、「命令と管理」から「調整と育成」へと組織原理をシフトさせることだという。成員に命令するのではなく、独立して動く自由で小規模なユニットをつなげ、人々の問題解決能力を育てていくのである。軍隊やインフラが消滅するわけではないから、「命令と管理」のシステムが完全に消えることはない。しかし、先端産業の重心は移動していくだろう。「調整と育成」が無政府状態を意味するわけではない。

指導者が紛争をおさめ、個人の才能と創造力を生かし、価値観を提示できる組織には、多様な人間が集まり、自生的な秩序が生まれるだろう。小人口世界において優れた指導者がいる首長国に臣民が集まるのと同じロジックである。

### 国家を無化する実践

中央政府は存在しない方がうまくいくことがある。ナイジェリア系米国人ダヨ・オロパデは、「焦る、急ぐ」といった意味をもつヨルバ語の「カンジュ」という言葉を使って、同時代のアフリカ社会のダイナミックな展開を活写している。東アフリカの情報技術（IT）産業は「シリコン・サバンナ」とも呼ばれる。アフリカではインフォーマルな融資産業が発達しており、女性の借り入れが活発で、返済率も高いことがよく知られている。送金にもITが活発に利用されており、発行されたIDをショートメッセージで伝えれば遠隔地の商店でも現金を引き出せるという電子送金システムは、ケニアでは農村地帯にまで普及している。

インドの映画産業はボリウッドと呼ばれ、世界的なヒットも飛ばすようになった。アフラシアの映画産業には、ナイジェリアのノリウッドもある。一九九〇年代にVHSビデオの普及とともに始まった、ナイジェリア資本とナイジェリア人スタッフによる映画産業である。現在はスマートフォンでの視聴が盛んだが、映画館での鑑賞にも根強い人気がある。図1-5が示すように、百年後のナイジェリアには八億人規模の市場が成立する。既に庶民にまで浸透した映画サービス産業の事業規模は巨大なものになっているだろう。

ホッブズ的な万人の万人に対する闘争の一歩手前で、襲いかかる海獣リヴァイアサンの手をはねのけ、家族と友人のネットワークを駆使し、新しい事業に乗り出す。フランスの人類学者クロード・レヴィ゠ストロースは『野生の思考』(一九六二年)のなかで、あり合わせのものを利用して有用な道具や世界観を組み立てる創造的な営みをブリコラージュ(器用仕事)と呼んだ。ナイジェリアの「カンジュ」の実践は、逆境のなかで猛烈な勢いで前進することで生き残ろうとする、生命力あふれるブリコラージュの実践である。

アフリカやアジアでは、国家がマフィア的な結社となり、国民に「たかる」事例が見られる。そのような場所においてこそ、寄生的な国家に対抗する下からの自生的秩序が生まれてくるという逆説的な事態が起きているのである。経営学者マローンの分権的なビジネス組織論は、新自由主義の教義と同じものではない。マローンはミルトン・フリードマンの市場原理主義を批判して、人間が物質的な自己利益の最大化だけを求めて仕事をするはずがないと主張し、ギルド(同業者組合)の相互扶助、自主管理、スペインのモンドラゴンの協同組合を高く評価する。米国人の若い世代は社会主義という言葉をタブー視しなくなってきたという。二〇世紀の国家社会主義の実験とはまったく違う、下からの分権的な民主的社会主義の実践が、市場経済の力を利用しながら広がっていくかもしれない。

アフリカや、東アジアを除くアジアのなかに、効率的なガバナンスの欠落によって「カオス」と特徴づけられるような地域があることは事実である。だが、「カオスの縁」においてこそ、創発と新しい秩序が生まれる。国民国家という人為的な箱が世界全体を覆うようになった今、小人口世界におけるような人々の自由な移動は物理的に難しくなっている。しかし、人々が必要に応じて集まり、必要に応じて解散するという、人間のモビリティを前提とする結社の集合体としての社会秩序は、「北」でも「南」でも影響力を増しているようだ。共通のイデオロギーは一種の開発主義であるが、その変化の駆動力となるのは近代国家ではなく、逆境のもとで前進するレジリエントな個人たちである。

# 第六章　二つのシナリオ

## 分裂の径路

前章では、人々の水平的な移動がもたらす自由な活力という切り口から、アフラシアの未来をやや楽観的に描いてきた。しかし、これから数十年間の選択によっては、対立と相互不信がアフラシアを支配することになるかもしれない。百年後のアフリカとアジアの関係性はどうなっているのだろうか。多くのシナリオが考えられるが、方向性として重要なものは二つあるように思う。

まず検討すべきは、アフラシアが内部で分裂していく径路である。西ヨーロッパ資本主義の興隆にあたって、ラテンアメリカの銀鉱山の支配、奴隷貿易、アフリカとアジアの植民地化が大きな役割を果たしたことは、近年では世界共通の認識になってきている。そして二一世紀の現在、中国、日本、アジア新興諸国の経済成長は、石油や希少金属を含むアフリカの再生不可能な天然資源に大いに依存している。鉱業は外貨稼得には適しているが雇用創出力が弱く、こ

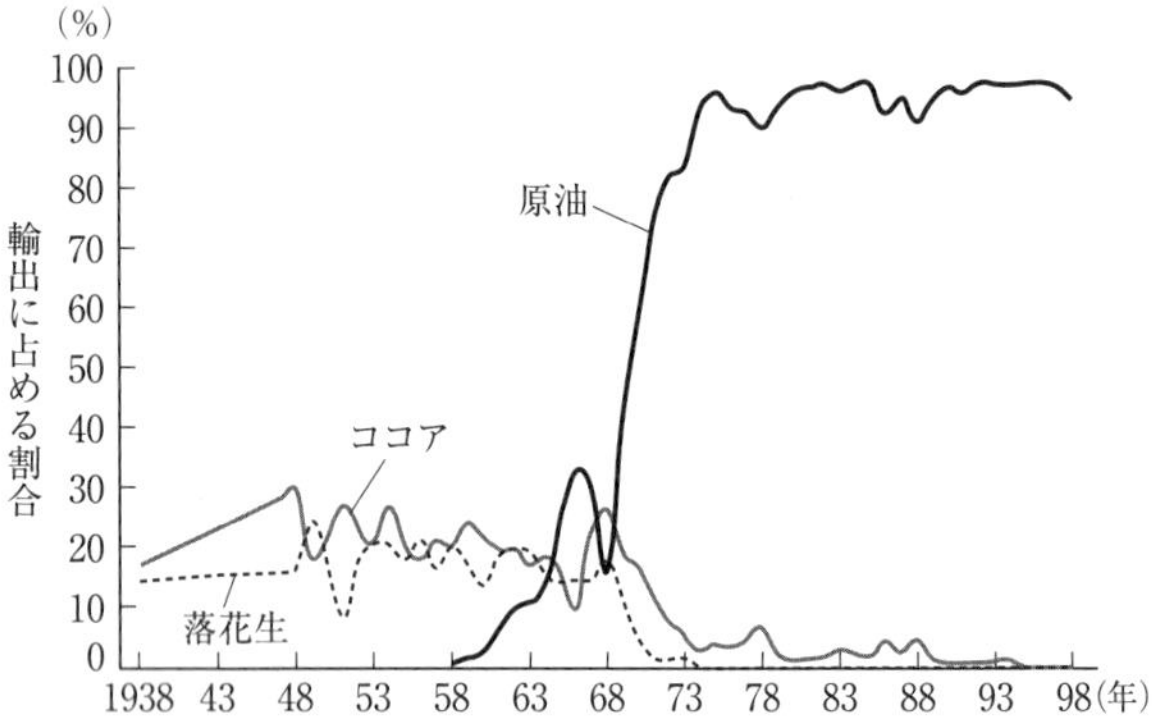


**図6-1　ナイジェリアの主要輸出品目**

出典：Frederick Cooper, *Africa since 1940: The Past of the Present*, Cambridge University Press, 2002, p. 106.

の構図はアフリカとアジアの関係をすでに歪んだものにしている。

ここに示す図6-1は、アフリカ最大の経済大国ナイジェリアの輸出品目の変化を示したものである。一九六〇年に独立したナイジェリアが原油輸出への依存を深め、七〇年代からその比率が九〇パーセントを超えていることがわかる。潤沢な石油収入を起爆剤としてナイジェリア経済は活性化しており、前章で触れた「カンジュ」の空間も拡大している。二〇一七年のナイジェリアのGDPの内訳は、農業が二一・一パーセント、卸・小売業が一九・〇パーセント、産油を含む鉱業が九・二パーセント、製造業が八・八パーセント、情報通信業が八・七パーセントなどと多様化しており、近年ではサービス産業の成長が目立つ。しかし、同年のナイジェリアの輸出品目を見ると、いまだに原油が八一・一パーセント、液化天然ガスが一二・二パーセントを占めている（JETRO世界貿易投資報告）。輸出品目の多角化はまったく実現できていない。

UNCTAD（国連貿易開発会議）のデータによると、二〇一六年のアフリカに対するFDI（外国直接投資）は、米国が五七〇億ドル、イギリスが五五〇億ドル、フランスが四九〇億ドル、中国が四〇〇億ドルなどとなっている。二〇一一年に一六〇億ドルだった中国の伸びが大きいが、少なくとも二〇一六年の時点では中国マネーがアフリカを支配しているというのは誇張だろう。二〇一七年のFDIの主要受取国は、エジプト、エチオピア、ナイジェリア、ガーナ、モロッコの順である。エチオピアやケニアのように製造業が堅調な国への投資は安定しているが、石油や一次産品の価格が低迷すると、ナイジェリアなどの資源輸出国に投資される資金は減少するパターンがある。

歴史家ウィリアム・マクニールは、『疫病と諸民族』（一九七六年）において、人類の歴史を寄生（パラサイト）というキーワードを使って読み解いている。寄生生物は宿主を生かしながら、栄養分を吸い取る。最終的に宿主の命を奪う段階では、生物はすでに別の宿主に寄生している。マクニールによれば、個々の人間は病原菌によるミクロ寄生を受けると同時に、他の人間によるマクロ寄生を受けてきた。かつての日本には「百姓は生かさず殺さず」という言葉があったが、権力者が余剰農産物を搾取するシステムは典型的なマクロ寄生である。歴史的に見て、アフラシアとラテンアメリカの多くの社会は分権的で、外敵の侵入に対して無防備だった。西洋諸国がこれらの地域の地下資源と人的資源を支配し、自国の資本蓄積に役立てていくプロセスは、まさにグローバルなマクロ寄生だったと言えるだろう。

人間の身体が病原菌のミクロ寄生に対して免疫をつけるように、人間の社会はマクロ寄生を緩和するシステムをある程度まで発展させてきた。「南」の途上国が団結していた一九七〇年代には、アフリカなどの資源輸出国の収入を安定化させる国際的なスキームがヨーロッパ経済共同体（ＥＣＣ）や国際通貨基金（ＩＭＦ）において議論され、実際にある程度まで機能していたものだ。「南の国々」が分裂した今では、これらのグローバルな安全装置の意義は顧みられることもない。

その結果、アフラシアの農産物や地下資源は激しい投機の対象になろうとしている。短期間の価格変化から利益を得ることだけを目的として財を売買する行為を投機というが、人が生きるのに不可欠な財である食糧をその対象とすることは、本来は道義的に許されない。しかし、二〇〇八年、二〇一一年には、大豆や小麦の国際価格が短期間に二倍、三倍に高騰したことが知られている。効果的な規制がなければ、気候変動とアフリカの人口増加は、世界の食糧市場にますます投機家を引きつけるだろう。その一方で、米国のシェール原油の輸出拡大によって、中東とアフリカの産油国への資金流入が一気に縮小する可能性がでてきている。

今後の世界経済が新たな通貨危機、金融危機、一次産品価格の暴落といった事態を迎えることになれば、すでに多様化した経済構造をもつアジアの経済大国は厳しい調整を強いられるだろうが、特定の品目の資源輸出に依存するアフリカ諸国の公式経済は、調整どころか壊滅的な打撃を受けかねない。寄生が続くと宿主は体力を失い、さほど深刻でない病でも命を落とすことがある。生き残るアジアと生き残れないアフリカへのアフラシアの分裂という事態をどこまで想定しておくかが、重要な課題になるだろう。

## 収斂の径路

以上の分裂の方向とは対照的に、アフリカとアジアの経済社会構造が収斂していくという径路も考えられる。ここで重要になるのが、二一世紀の百年間を通じてアフリカの人口が五倍増していく、あるいは正確な数字はともかく、そのような方向でグローバルな人口転換が起きていくという見通しである。口絵2から口絵4で示したように、南アジアや東アジアを追いかけるように、アフリカにおいても人口の増加が加速していく。その結果、二一〇〇年のアジアとアフリカでは、ほぼ同じ面積にほぼ同じ規模の人口が暮らすことになる。すなわち、口絵5と6が示すように、二つの地域の人口密度がほぼ同じになっていくのである。争いがあれば別の場所に移動できるという小人口世界の物理的な条件は、アフリカにおいても最終的に失われることになるだろう。

この点については、アフリカ史家ジョン・アイリフが、『アフリカの貧者――ひとつの歴史』(一九八七年)という書物において興味深い議論を展開している。アジアやヨーロッパの社会では、土地をはじめとする資源にアクセスできない人々が世襲の貧困層を形成する。希少になった生産要素が一部の人々によって財産として独占されるようになった社会では、富裕層と貧困層の階層秩序が再生産され、世代を超えて引き継がれていくのである。他方、土地が相対的に豊富なアフリカ社会では、財産をもたない者ではなく、労働できない者が貧困層を形成してきた。相互扶助のネットワークから何らかの理由ではじき飛ばされ、かつ労働できない者――障がい者、老人、年少者など――が、飢饉などをきっかけに、多分に偶然的な要素によって貧困に陥るパターンが主流だったというのである。

しかし、アフリカ社会も急激に変化しつつある。アイリフが同書の末尾で強調するように、二〇世紀後半の南部アフリカでは、白人入植者や地元の有力者に土地が集中することで、世代を超えて家族単位で再生産される貧困層の固定化が見られるようになった。アジアやヨーロッパの土地希少、労働豊富社会において見られるような構造的な貧困のパターンが、すでにアフリカの一部で見られるようになってきているわけである。それは、未来のアフリカ社会の姿が、現在のインド社会の姿に近づいていくことを意味するだろう。

このことは、問題であると同時に、希望でもある。若者の健康と教育に十分に投資するとともに、食糧生産と農村開発の努力を怠らなければ、人口増加にもかかわらず、あるいは人口増加があるからこそ、アフリカがアジア型の労働集約型の工業化の径路をたどるというシナリオが現実味を帯びてくるだろう。資源輸出への依存を弱め、高付加価値商品を生産できるようになれば、中央権力による捕捉力の弱さといったアフリカのガバナンスの特徴も変わるのかもしれない。ジェノサイドを経験した後でトップダウンの経済成長を追求する小国ルワンダのような国が、他の国々の現実的なモデルになっていくわけである。

ただし、制度には慣性がある。数千年の小人口社会の特徴に対応して形成された社会の編成原理が、数十年の人口増加によって一挙に変化するとは考えにくい。製造業の発展には、特定の職場で時間をかけて特定の熟練技能を身につける徒弟制度的な仕組みが不可欠だが、人々の流動性が高い社会は、そのような仕組みを発展させるよりも、むしろＩＴエンジニアの育成に向いている。先端技術に「蛙飛び」が起こることにも注意しておきたい。郵便から電報、固定電話への進化を経験しなければ、携帯電話を使えないということはない。村と村が離れていて電線を引くコストがかかる場所では、携帯電話が最初から適正な技術の選択になり得るのである。アフリカの成長産業は、農業からＩＴ産業にジャンプするかもしれない。

## 未決定性

分裂か、収斂か。時間軸をどうとるかにもよるが、これらの二つの径路が絡み合うことで、未来のアフラシアの社会と経済は具体的な形をとっていくことになるだろう。マルサスの『人口論』の想定のもとでは、人口が増えると一人あたりの資源が希少になり、人々は窮乏化していく。しかし、デンマークの開発経済学者エスター・ボズラップは、『農業成長の諸条件』(一九六五年)のなかで、マルサス主義とは真逆の可能性を提示している。彼女の議論に従えば、人口の急増という危機に直面した社会では、人々は新たな土地を開拓したり、休耕期間を短くしたり、土地を集約的に利用したり、新たな農業技術を採用したりして、生産を増やそうとするかもしれない。人口が独立変数だとしたら、イノベーションが従属変数になるわけである。

ボズラップの議論をより一般的な形で提示していたのが、開発経済学者アルバート・O・ハーシュマンの『経済発展の戦略』(一九五八年)である。人口の増加によって一人あたりの所得が低下しつつあることを感じ取った人々は、生活水準を維持するために、自らの社会をよりよく組織しようとするかもしれない。そして、生活水準を維持する努力と生活水準を向上させる努力は、質的に区別できない。下りのエスカレーターを逆に上る人は同じ場所にとどまっているかもしれないが、脚力を鍛えられた人は、次には階段を容易に上ることができるようになる――川の流れに逆らって泳ぐ訓練をした人は、流れがないところでは遠くまで速く泳げるようになるのだ。現実の世界において、人々が生活水準を維持しようと懸命に努力するのは、人口増加や気候変動のような危機が「突然のショック」として受け止められる場合である。変化が緩慢であれば、流れに抵抗する必要性は感じられないだろう。

創発が行われるかどうかは事前に決まっていることではない。危機に圧倒された人々は努力を諦めてしまうかもしれないからである。いずれにせよ重要なのは、キャパシティ・ディベロプメント(能力開発)すなわち問題解決能力の涵養だろう。

ジャレド・ダイアモンドの決定論的なロジックに説得力とともに息苦しさを感じるのも、そこである。世界には別の歴史があったかもしれない。インド出身の経済史家プラサンナン・パルタサラティは、『なぜヨーロッパは豊かになり、アジアはそうならなかったのか』(二〇一一年)において、ポメランツの議論と響きあう形で、一七世紀から一八世紀にかけてイギリスとインドの先進地域の制度と経済水準は驚くほど似ていたと説く。イギリスが産業革命に突入した主な要因は、インドの高品質の綿製品に圧倒されることへの恐れと、国内の森林の後退という環境制約だった。イギリスの急成長は、自らを突き落とそうとする脅威に対する反応の帰結であり、まさにエスカレーターを逆に上ろうとした結果だったことになる。インドの綿製品がヨーロッパを席巻するシナリオに対する一種の過剰反応が、産業革命だったわけである。

## 対応すべき危機

現在の地球に生きる者が知恵を絞って乗り越えるべき課題は数多い。アフラシアを巻き込む創造的な解決が求められる危機状況のいくつかを見ておくことにしよう。人口増加による食糧不足というマルサス的な問題を解決するだけであれば、農業生産性を向上させればよいだろうが、農業問題を取り巻く因果関係はもう少し複雑である。第三章で議論したように、労働節約型の技術革新によって農業生産が向上したとしても、他の部門での雇用が増えなければ、食糧供給とともに失業者も増えてしまう。口絵12は世界各国の第一次産業(農林水産業)就業者の比率をあらわしたものであるが、熱帯アフリカ、南アジア、東南アジアの多くの国々で第一次産業が就業者の三割以上を吸収していることが見て取れる。しかし、農業近代化によってこの部門の雇用吸収力が減少する一方で、製造業やサービス業が十分に発展しなければ、行き場を失った若者たちは都市周辺のスラムに滞留することになるだろう。実際、口絵13が示すように、アフリカと中東においては、すでに南ヨーロッパに匹敵する高い失業率に苦しむ国々がひしめいている。

二一世紀の百年間を通じて世界の人口が一・八倍に増えるとすれば、労働吸収型の農村開発を通じてアフラシアの食糧生産を増やすことが喫緊の課題になる。ところが、そこに気候変動という巨大な脅威がのしかかる。口絵14が示すように、東アジアを含む諸国の工業化による環境破壊のダメージを、アフラシアの熱帯地域の農業が一手に引き受ける形になると予想されるのだ。今後の気候変動にはいくつかの方向性が考えられており、この地図は、気候変動に関する政府間パネル（IPCC）のB2と呼ばれる温室効果ガス排出シナリオにもとづき、農業生産が受ける影響を各種の穀物生産の平均値の増減で示したものである。B2は、世界人口が二一世紀末に百億人程度になるという国連の人口予測を採用し、かつ世界ではグローバル化のかわりに地域主義が進行するという中庸の想定にもとづいている（地図はシナリオ下位分類のひとつB2Aによる）。

気候変動にはこのB2を含めて大きく四つのシナリオが考えられているのだが、どのような方向に進むにせよ、アフラシアの熱帯地域がとりわけ激しい収穫の減少に直面するという構図はすべての計算結果に共通している。農業技術が一定として、これから気温の上昇が続いていくと、東アジアを除くアフラシアの国々では生業の持続可能性が脅かされていく可能性が高いのである。熱帯農業の後進性を云々する前に、温帯諸国は工業化と相互依存の負の影響に対する責任の取り方を考えなければならない。

世界の食糧問題に取り組むにあたっては、貧困国に高カロリー食を行き渡らせる近代的な解決とは異なる道を模索してもいいだろう。世界の人々が消費する食品を二〇一〇年の一八七カ国のデータにもとづいて調査し、栄養学的に健康的な一〇品目（豆類、魚、ミルク、野菜、果物など）を多く消費している国々を並べたところ、上位一〇位にセイシェル、モーリシャス、チャド、中央アフリカ、マリ、カボベルデというアフリカ六カ国が入った。非健康的な七品目（赤身肉、加工肉、砂糖飲料、脂肪など）を少なく消費している国の上位一〇位には、ブルンジ、ルワンダ、マラウイ、エリトリア、エチオピア、ソマリア、シエラレオネというアフリカ七カ国が入った。全般的な低栄養が想定される国もいくつか含まれているが、すべての国がそうではない。世界の人々の未来の食生活が、アフリカにおけるような、より健康的なタイプの食生活に移行する可能性も考えてよいだろう。アフリカに見られるのは開発の失敗だけではない。そこには、同時代の地球規模の課題を解決するヒントがあるかもしれない。

## より水平な未来へ

第四章で見たように、ユーラシア大陸の西端のヨーロッパと東端の東アジアはリバランスの時代を迎えている。一帯一路は、両者の中間に位置する南アジアや中央アジアを組み込みながら、ユーラシア大陸の水平的な接続性を高めて経済活動を競争的に活性化させようとしている。その一方、第五章で見たように、アフリカ世界と東南アジア世界には、集権的で階層的なシステムになじまない流動的な小人口社会の伝統が息づいている。そこで、図6-2では、上部にユーラシア大陸の東西の軸、すなわち東洋と西洋の「対抗の軸」を描き、その下部にアフリカ

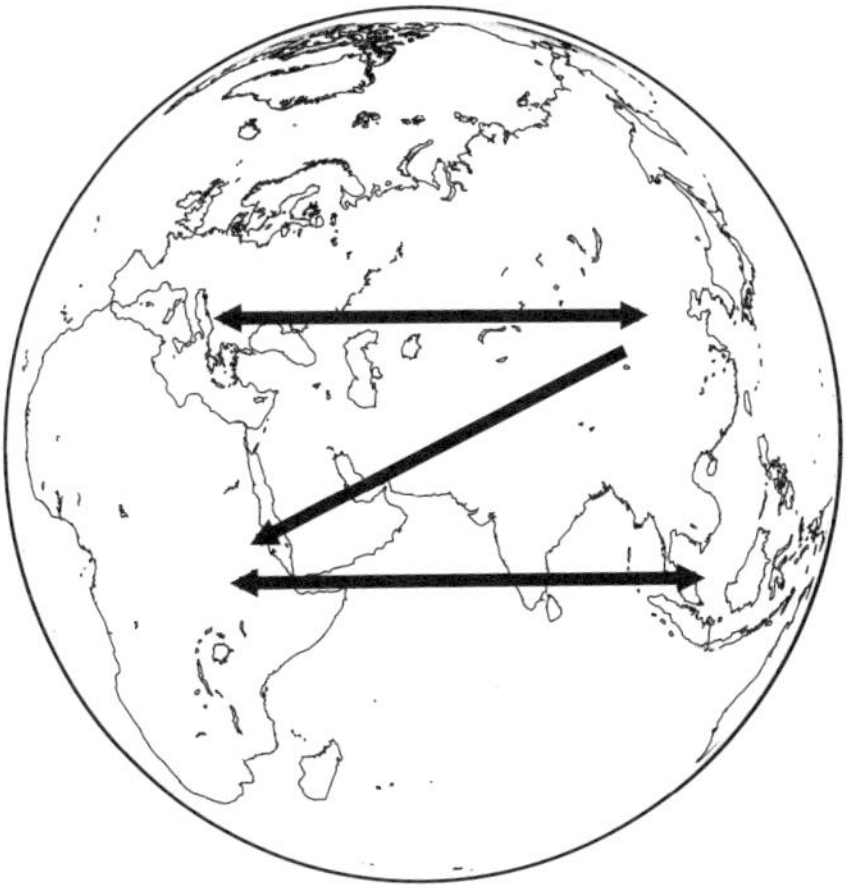

**図6-2　ユーラシア・アフラシアのZ軸**
出典：筆者作成(G.Projectorを用いた正射投影)

の陸の世界とアジアの海の世界を結ぶもうひとつの東西の軸、すなわちアフリカとアジアの「共鳴の軸」を書き込んでみた。

東南アジアは東アジア経済圏の一部として、二〇世紀末には成長の軌道に乗ったように思える。ここで、東アジアと南アジアの成長センターがアフリカ世界とどのような関係を切り結ぶかが問われることになる。アフリカに覇権を求めず、寄生せず。この原理を貫けるかどうかが問われている。エチオピアやケニアなど産業化を進めているアフリカ諸国の政府は、アジア諸国に対して、天然資源を買うだけでなく、アフリカの人的資源を育成し、高付加価値型の製造業や農業に投資せよと繰り返し訴えている。図6-2では、この関係を示すために右上から左下に斜線を引くことで、アフラシアの広域的な接続性を「Z」の形で表している。斜めの線は、アジアからアフリカに向かう「責任の軸」である。責任は温情とは違う。たまたま先に登ることができた者が、次に登ってくる者に手を貸すのだ。

強い民族が弱い民族を征服し、富を搾り取ることは、道義的に許されない。西洋の植民地支配の歴史に敏感な者は、アフラシアの内部におけるマクロ寄生の強化を許さないだろう。アフラシアは外に向かって覇権を主張する地域ではなく、アフリカ人とアジア人が相対し、未来に向かって対話を組織していく土俵である。その対話の倫理性を担保するのが、この地域で生きるすべての民族と個人が対等な立場で協働し、共存し、共栄すべしという原則にほかならない。この原理の大切さを確認するために、アフラシアの人々が西洋のマクロ寄生に対してどのように反応してきたのか、次の第三部で振り返ってみることにしよう。

# 第三部　アフラシアの時代

# 第七章　汎地域主義の萌芽

## バンドン会議とは何だったのか

前章で議論した通り、未来のアジアとアフリカは支配と被支配の関係を強めていくことになるかもしれない。アジアとアフリカが協力できるとすれば、その前提条件は「ウィン・ウィン」の関係、すなわち相互利益が存在することである。互いに目に見える利益がないところで関係を維持しようとしても、かけ声だけに終わるからである。その反面、アクター間の共感と信頼がなければ、目先の利益に左右されて長期的な事業は成立しない。アフリカとアジアが分裂とマクロ寄生の強化のシナリオを回避できるような、共感と信頼の道を構想することはできないだろうか。

人類の歴史を見ると、道義的な正しさが根拠となって重要な政策転換が実現することが何度もあった。一八三三年にイギリスが帝国領内での奴隷制度の廃止を決めるにあたっては、奴隷制を維持するよりも資本主義的経営の方が利益が上がるという便益計算に加えて、キリスト教会による奴隷制批判が大きな役割を果たした。また、一九四五年の国際連合の発足と戦後自由貿易体制の基礎には、ファシズムの台頭を許したことに対する国際社会の痛切な反省があった。一九七三年の石油危機の背景には、産油国の思惑のみならず、政治的独立後も遅々として解消しない南北格差に対する途上国の憤りがあった。気候変動や持続可能な開発目標（ＳＤＧｓ）にかかわる近年の国際的な取り組みの動因のひとつは、よりましな状態の地球環境を次の世代に引き継ごうとする責任感の共有である。倫理がすべてではないにせよ、その力を見くびってはならない。

国境を越える道義を根拠とする歴史的転回の重要な前例が、一九五五年四月一八日から二四日までインドネシアのバンドンで開催されたアジア・アフリカ会議（「バンドン会議」として知られる）である。それは、独立したばかりのアジアとアフリカの国々の代表が一堂に会し、対等な主権国家の集合体として未来を議論する場であった。会議のホストは、軍部と共産党の力の均衡に依拠しながら独立インドネシアの舵取りをしていたスカルノ大統領であった。この会議に正式に参加したのはアジア二三カ国（中東を含む）とアフリカ六カ国の合計二九カ国だったが、アフリカからの参加が少なかったのは、当時はまだ大半の国々が独立を認められていなかったためである。ブラジルはオブザーバーとして参加し、存在感を示した。スカルノ大統領の演説には次のような一節がある。

多くの世代にわたって、私たちの人民は世界のなかで発言力を奪われてきました。私たちは無視されました。他所の人々が自分の利益を最優先させて、私たちの人民にかかわる決定を下してきたのです。人民は貧困と屈辱のなかで生きてきました。そこで私たちの諸民族は独立を要求し、それどころか独立のために戦い、そして独立を達成しました。独立とともに責任が生まれました。私たちは私たち自身に対して、そして世界に対して、そしてまだ生まれていない世代に対して、重い責任を負っています。しかし、私たちはそのことを後悔してはいません(スカルノ大統領によるバンドン会議開会演説の一節。次に引用。Kweku Ampiah, *The Political and Moral Imperatives of the Bandung Conference of 1955: The Reactions of the US, UK and Japan*, Global Oriental, 2007, p. 234)。

周恩来の中国、ジャワハルラール・ネルーのインド、ガマール・アブドゥル・ナーセルのエジプトといった大国に加えて、戦後復興の途上にあった日本もまた、アジア諸国のひとつとして会議に出席した。その後は、バンドン会議五〇周年を記念する首脳会議が二〇〇五年に、六〇周年を記念する首脳会議が二〇一五年にインドネシアで開催され、日本からそれぞれ小泉純一郎首相、安倍晋三首相が参加している。二〇一五年の会議に正式に招聘された国々はアフラシア全体に及び一〇九カ国に達した。

一九五五年のバンドン会議の軸は、反帝国主義、反植民地主義、民族自決であり、そこで採択された平和十原則には、国連憲章と基本的人権の尊重、紛争の平和的解決なども盛り込まれている。バンドン会議の枠組みは冷戦下では非同盟運動として一定の存在感を示したが、近年のバンドンの「同窓会」では、かつてのような外部の超大国への批判は消え去り、内部の超大国である中国の動向が注目を集めている。

バンドンの枠組みが現在でも消えていないことを踏まえつつ、本章では、二〇世紀を通じて、特定の国民国家の解放ではなく、「南」の諸民族の横断的で広域的な連帯を唱えた一群の思想家たちがいたことを振り返りたい。バンドン会議を画期とする植民地主義の清算の動きに生命力を吹き込んだ人々の思想である。

## 汎アジア主義の思想

まずアジアから始めよう。インドの思想家ラビンドラナート・タゴールは、一九二四年に中国を訪問し、アジアの未来を展望する講演旅行を行った。もっとも、政治的に警戒されて、中国ではあまり歓迎されなかったとも伝えられる。

タゴールによれば、西洋の民族主義の核心には戦争と征服の精神が潜んでいる。ある講演で彼は、新聞で報道されたアフガニスタンのエピソードを紹介した。イギリスの爆撃機が村落を爆撃した後で不時着し、パイロットが生き延びた。そこに一群の人々がやってきて、パイロットの命を救った。怒った他の村人にパイロットが殺されないように、民族衣装を着せて安全なところに逃がしたというのである。タゴールは、西洋世界が開発した兵器と武器を「子どものおもちゃ」にたとえて、こう述べる。

> 人間の理想の活動の領域には、徹頭徹尾、人間性の全体が含まれています。この理想の光は、放散するゆえに穏やかであり、その生命は、すべてを包摂するゆえに温和です。それは大きいがために曇りなく、包括的であるがために柔和です。これにたいして、わたしたちの熱情は狭く、その領域が限られているために、かえって情熱に烈しい衝動を与えます。こうした攻撃的な欲望の力が、最近、西洋人のこころをとらえてしまったのです。これはきわめて短期間に起こりました。しかも地球上の時間と空間をことごとく窒息させるほどの急激な物の氾濫を惹き起こしてしまったのです。いまや、人間的であったいっさいのものが、こなごなに粉砕されています（ラビンドラナート・タゴール［森本達雄編訳］『原典でよむタゴール』岩波書店、二〇一五年、一一五頁）。

モハンダス・ガンディーの思想を想起させるメッセージである。タゴールは同じ講演のなかで、中国人の聴衆に向かって、「この卑しむべき貪欲の末裔が、すでに貴国の美しい肢体の上にも、おそらく世界の他のどこよりも大きく口を開けて待ちかまえているのに気づいておられることと思います」(同右、一一九頁)と警鐘を鳴らしている。

タゴールの親友だったのが、横浜生まれの岡倉覚三である。岡倉はアジア主義者だったが、アメリカのボストン美術館で仕事をするコスモポリタン的な美術批評家でもあった。英語で見事に自己主張ができた日本人の民族主義者というのは珍しい存在である。岡倉の『東洋の理想』(一九〇三年)という本の書き出しはあまりにも有名である。

アジアは一つである。ヒマラヤ山脈は、二つの強大な文明、すなわち、孔子の共同社会主義をもつ中国文明と、ヴェーダの個人主義をもつインド文明とを、ただ強調するためにのみ分っている。しかし、この雪をいただく障壁さえも、究極普遍的なるものを求める愛の広いひろがりを、一瞬たりとも断ち切ることはできないのである。そして、この愛こそは、すべてのアジア民族に共通の思想的遺伝であり、かれらをして世界のすべての大宗教を生み出すことを得させ、また、特殊に留意し、人生の目的ではなくして手段をさがし出すことを好む地中海やバルト海沿岸の諸民族からかれらを区別するところのものである

（岡倉天心［富原芳彰訳］『東洋の理想』講談社学術文庫、一九八六年、一七頁）。

地中海やバルト海沿岸の人々を特殊に拘泥する海洋民族として特徴づけるのは、そもそも日本も海洋民族の国なのだから、あまり一貫した考え方だとは思えないが、ここで岡倉がアジアが一つだと主張した背景には、中国とインドの大文明の要素を組み合わせるところに日本文化のオリジナルな価値があるという直感があった。

中国の革命家、孫文もまた、正面からアジア主義を求める議論を展開している。タゴールが中国で講演旅行をしていたのと同じ一九二四年、孫文は日本の神戸で、まさに「大アジア主義」と題された演説を行った。

わたくしはいま、大アジア主義について話し、ここまで研究してきたのですが、結局、問題はどういうことなのでしょうか。かんたんにいえば、それは文化の問題であり、東方文化と西方文化の比較と衝突の問題であります。東方の文化は王道であり、西方の文化は覇道であります。王道を語るのは仁義道徳を主張することであり、覇道を語るのは功利と強権を主張することであります。仁義道徳を語るのは、正義と公理（人道）によって人を感化することであり、功利と強権を語ることは、鉄砲と大砲をもちいて人を圧迫することであります（孫文［堀川哲男・近藤秀樹訳］「大アジア主義」［小野川秀美責任編集『孫文　毛沢東』中央公論社、一九八〇年、所収］、二六三頁）。

孫文はこの前後の部分で、「中国を宗主国とすることを心から願って」いるネパールの朝貢外交を高く評価している。英語では、「覇道」はMight（力）による支配、「王道」はRight（正しさ）による支配と訳される。

孫文は、この講演を次のような挑戦的なメッセージで締めくくった。「あなたがた日本民族は、すでに欧米の覇道の文化を手に入れているうえに、またアジアの王道文化の本質をもっておりますが、いまより以後、世界文化の前途にたいして、結局、西方覇道の手先となるのか、それとも東方王道の干城となるのか、それはあなたがた日本国民が慎重にお選びになればよいことであります」（同右、二六六頁）。西洋か、東洋か、お前たちはどちらの側につくのだ、という問いである。この孫文の挑発は、現代的には日本だけでなく、アフラシアの内部において産業化に成功しつつあるすべての国々に向けられていると考えてよいだろう。

## 汎アフリカ主義の思想

地域主義的な思想の歴史は、アジアよりもアフリカの方が古い。ヨーロッパとの接触が早かったからであり――地域主義は強大な敵との接触から生まれる――、奴隷貿易のせいでディアスポラが散らばっていたからでもある。アメリカ、イギリス、フランスといった異郷の地において、アフリカ系人は出身地にかかわらず英語やフランス語で意思疎通できた。

アフリカ世界と西洋世界の不幸な接触が本格化したのは一五世紀からである。西洋のアフリカ植民地支配の歴史の長さと深さはアジアの比ではない。こうした背景のもとで、一九〇〇年のロンドンを皮切りに、パリ、ニューヨークなど各地で汎アフリカ会議が開催された。これらの運動を牽引していたのは、マーカス・ガーヴェイ、C・L・R・ジェイムズ、ジョージ・パドモアなど、カリブ海世界出身の多彩なアフリカ系知識人だった。

まず、フランス領マルチニックの詩人エメ・セゼールの言葉をとりあげよう。カリブ海のアフリカ系人であるセゼールは、シュールレアリスムをアフリカ的に転回させたネグリチュード運動の主導者だった。バンドン会議が開催されたのと同じ一九五五年、セゼールは『植民地主義論』という力強いエッセイの改訂版を発表し、こう書いている。

> 現代世界における植民地事業は、古代世界におけるローマ帝国主義に等しい。すなわち、災厄の露払い、破局の先触れなのだ。何だって？　虐殺されたインド人たち、自己を奪い去られたイスラーム世界、たっぷり一世紀にわたって汚され、歪められ続けた中国世界、

> 価値を失墜させられたニグロ世界、永久に消し去られてしまった厖大な声、散り散りに引き裂かれた家族、これらすべての破壊、これらすべての浪費、対話者不在《モノローグ》に陥った人類、あなた方はこうしたことすべてがただで済むとでも思っているのか？　真実はこうだ。この政策の中には、ヨーロッパ自身の破滅が内在している。そして、放置しておけば、ヨーロッパは、自らが周囲に作り出した空隙のゆえに破滅することになるだろう（エメ・セゼール［砂野幸稔訳］『帰郷ノート／植民地主義論』平凡社、一九九七年、一七二頁）。

軍事介入とテロリズムが連鎖する二一世紀前半にこのテキストを読み返すと、「ヨーロッパ自身の破滅」という警句が響く。舌鋒鋭い西洋批判にもかかわらず、セゼールのフランス語の原文はとても美しい。

バンドン会議に参加したアフリカ諸国は六カ国だけだったが、その後、アフリカでは一九五六年から六五年までに三四カ国が独立し、七五年までにさらに一一カ国が独立を達成する。こうして、カリブ海のアフリカ系知識人からアフリカ大陸の民族主義者たちへと、汎アフリカ主義の主導権が移っていくことになった。

そのようなアフリカ大陸の政治家としては、ガーナの初代首相クワメ・ンクルマが有名だが、タンザニアのジュリアス・ニエレレ大統領もまた世界的な尊敬を集めた。ニエレレは、一九六二年の『ウジャマー――アフリカ社会主義の基礎』という書物において、独立後のタンザニアの社会改革の精神を次のように説明している。

「ウジャマー」すなわち「家族愛」はわれわれの社会主義を表現している。それは人間の人間による搾取にもとづいて幸福な社会をつくろうとする資本主義に反対し、また、人間と人間の不可避の対立という哲学によって幸福な社会をつくろうとする教条主義的社会主義にも反対する。

われわれは、アフリカでは民主主義を「教えられる」必要がないのと同様に、社会主義に「改宗する」必要もない。どちらもわれわれ自身の過去――われわれをつくりだした伝統的社会のなか――に根をもっている。近代のアフリカ社会主義は「社会」を基本的家族単位の拡張として考える伝統的遺産からひきだしうる(ジュリアス・ニエレレ[林晃史訳]「家族的社会主義の実現」[西川潤編『アフリカの独立』平凡社、一九七三年、所収]、一八四―五頁)。

ウジャマー社会主義は中国の文化大革命の影響を受けていたが、ニエレレが唱えた社会主義は、基本的にはアフリカの家族的価値観の復興運動として構想されたものである。ただし、村落を超えた共同行動はタンザニアを含むアフリカ農村では一般的な慣行ではなく、その意味においてウジャマー共同体は、現実の拡張というより、むしろ「想像された共同体」だったとも言える。ニエレレの改革は短期的にはあまり成功しなかったが、独立後の公共空間のデザインとしてウジャマーの協働の哲学が人々の心をとらえた面は確かにあり、タンザニアの独立後の政治的安定の礎を築いた。

カリブ海のアフリカ系知識人が唱えた汎アフリカ主義と、その次の時代のアフリカ大陸の政治指導者が唱えた汎アフリカ主義という二つの夢を総合したのが、アパルトヘイト(人種隔離)時代の南アフリカに生を受けたスティーヴ・ビコだった。彼は、セゼールと同じマルチニック出身のフランツ・ファノンの思想、ヘーゲルの弁証法哲学、およびアフリカ大陸各地の民族主義思想を融合し、「黒人意識」というキーワードに昇華してみせた。ビコはその思想の危険性をとがめられて逮捕され、拷問を受け、一九七七年に三〇歳の若さで警察署内で生涯を終えた。

われわれは、権力を基礎に据えた西洋人の社会を拒否する。それは、技術上のノウハウを完全なものにすることにかかりっきりで、精神的次元で失敗しているように思われる。長い目でみれば、アフリカはこの人間関係の分野で世界に対し特別な貢献をするだろうとわれわれは思う。世界の強大な国々は、世界に工業と軍事の外観を与えることに奇跡的な成功を収めてきたかもしれない。だが偉大な贈り物がまだアフリカから届いていない――世界にもっと人間的な顔を与えるという贈り物が（スティーヴ・ビコ［峯陽一・前田礼・神野明訳］『俺は書きたいことを書く——黒人意識運動の思想』現代企画室、一九八八年、九五頁）。

ビコの思想は南アフリカで再評価が進んでいるが、当時のビコの文章に匹敵するだけの密度と切実さをそなえた書き物はなかなか登場しない。

**汎地域主義の萌芽**

これまで引用してきた七人のものを含めて、二〇世紀のアフラシアの思想家たちが残したテキストを検討していくと、これらに共通する思想のエートスが三つあるように感じられる。第一に、きわめて強烈で倫理的な西洋批判が共有されている。軍事支配や物欲といった悪徳はすべて西洋に関連づけられている。アジア、アフリカはそうではない、そうであってはならないというのである。二一世紀の今、これらの西洋批判のナラティブは辛辣すぎるように響くかもしれないが、植民地支配の時代に覚醒したアフリカとアジアの知識人にとって、当時の隷属とマクロ寄生の経験がいかに屈辱的で生々しかったかということを忘れてはならない。

第二に、普遍的な価値に対する個別的な文化の貢献が強調されている。あるいは、個別的な文化がオルターナティブな普遍の枠組みを提示することが期待される。そこでは西洋文化に対抗して、アフリカやアジアの個別、村のレベルに現れる個別、そして「茶」といった習俗、あるいは家族の「族」的な文化などが提示される。しかも、そうした文化はただ単に西洋の悪徳に対峙するというだけでなく、個別であると同時に普遍的な意味を有するのであり、それが究極的には人類全体の解放に貢献するという夢が語られる。

三番目に読み取れるのは、空間の広がりである。たとえば、ガーナの解放の先にアフリカの解放を夢見る、インドの解放の先にアジアの解放を夢見るのである。かれらの志向は民族主義というよりも汎民族主義であり、国益を超える、あるいは国益を滅却するところに国益を見るといった構え方が共通している。主権平等の近代システムへの参入を志向しつつ、同時に近代国民国家を超えようとする方向性を感じ取ることができる。

この章で紹介してきた七人は男たちばかりだが、二一世紀の汎民族主義者には女たちが入ってくるかもしれない。あるいは、汎民族主義の「誇大妄想」に毒されるのは男ばかりなのかもしれない。小国を代表する者が少ないのも気になる。インドの思想家ディペシュ・チャクラバルティが言うように、バンドン会議の後、アジアとアフリカの汎民族主義の夢は、国民国家の枠組みに回収されていった。そして、それぞれの国家の指導者たちは、温和な教師として、国民国家という教室を単位として民族主義を堅実に舵取りしていく役割を期待されるようになっていった。ニエレレの愛称もムワリム(先生)だった。開かれた汎民族主義が閉ざされた国民主義へと牙を抜かれていった面は確かにあるだろう。

そうであるだけに、二〇〇五年、二〇一五年と、アフラシアの諸国家が再びバンドンに集まり始めたのは興味深いことである。「同窓会」が開かれるのは、夢が未完だからであり、その集まりに果たせる役割がまだ何かあると思われているからだろう。汎民族主義は地域主義の形をとり、複数の地域主義が出会うとき、汎地域主義が生まれる。二〇世紀のインドネシアにおいて、アフリカの地域主義とアジアの地域主義が共鳴し、互いのよく似た姿を発見し、ひとつの共同体が生まれ出ようとする希有な瞬間があったことを記憶しておこう。

# 第八章　イスラーム

## アフラシアの結節点

アフラシアを束ねる根拠は、植民地支配を繰り返してはならないという認識である。そこで提示されるべきものは、西洋列強による植民地支配をふりかえったうえで、私たちは「他者の自由を奪わない」「寄生しない」「覇権を求めない」という歴史的な決意であり、知恵である。私たちは二二世紀に向かう百年の構想を考える。そうであれば同じ長さのスケールを用いて、過去の百年から教訓を得なければならない。そこで前章では、二〇世紀のアフリカとアジアの汎民族主義者の言説を紹介したのだった。

二一世紀に入った同時代において反西洋のイデオロギー的な言説が最も強く語られているのは、イスラーム世界である。サミュエル・ハンチントンは『文明の衝突』（一九九六年）において、ポスト冷戦時代には異なる文明の断層線において紛争が生じやすくなると指摘し、とりわけ西洋世界とイスラーム世界、儒教世界の対立を予告した。世界はこうなるという予言を受け入れた者が、その予言が求める通りに行動し、その結果として(実現するとは限らなかった)予言が実現してしまうことを「自己実現的予言」という。人間は信仰が違えば互いに信用できないという言説が繰り返し語られるほど、人々はそのような言説にとらわれて行動し、実際に宗教間の対立が深まってしまうかもしれない。

冷戦時代には「安全保障のジレンマ」という現象が注目され、盛んにシミュレーションが行われていたものである。A国が新たなミサイルの配備を準備していると考えたB国は、自衛のためにミサイルの配備を準備する。その様子を見たA国は、B国の脅威に備えてミサイルを増強しようとする。それを見たB国がまた同じことをしようとする。こうして軍備増強と相互不信に歯止めがきかなくなり、偶発的な核戦争の危険が高まる。冷戦時代、大規模戦争を引き起こす当事者になりかねない核大国は、こうしたジレンマの構図をふまえ、軍拡に乗り出す反面で信頼醸成と戦略対話を積み上げる努力を重ねてきた。第二次世界大戦後、軍事対立の空間から自らを切断することで平和を維持してきた日本は、自らのプレイヤーとしての位置を客観視することに核大国ほどに慣れていないので、ポピュリズムに煽られて安全保障のジレンマを加速させる当事者になってしまう可能性がある。

この「安全保障のジレンマ」の構図は、現在では西洋世界とイスラーム世界の間において典型的に見られるようになった。地域の住民を巻き込んだ相互不信の構図は、欧米社会からアフラシア社会にまで伝染しようとしている。その根底には、アフラシアの結節点である中東・北アフリカ世界が西洋世界の介入によって切り裂かれてしまったという状況がある。

第一章で触れたように、歴史家トインビーの用語法では、アフラシアという言葉は、現在の中東・北アフリカを指すものであった。文明の揺籃の地であり、ユダヤ教、キリスト教、イスラームという三大一神教が誕生したこの地は、第二次世界大戦以降、戦乱によって引き裂かれ続けている。一九四八年以降、イスラエルと周辺諸国は戦争を繰り返してきた。レバノンの内戦は一九七五年から一九九〇年まで続いた。七八年のイラン革命によって米国とイランの関係は著しく悪化し、そのイランとイラクは八〇年代に百万人以上の犠牲者を出す消耗戦を繰り広げた。アフガニスタン——地理的にはパキスタンの隣国として、南アジアに分類されることが多い——は七九年にソ連に占領され、二〇〇一年には米国などが地上軍を派遣した。イラクは大量破壊兵器を保有する嫌疑をかけられ、二〇〇三年にフセイン体制が崩壊した。二〇一一年にはリビアのカダフィー体制が崩壊し、シリアでは同年から、アサド体制のもとで激しい内戦が戦われた。すべての戦乱において多くの難民が生み出されてきた。

この狭義のアフラシアの地においては、ソ連が崩壊した後も、西洋の大国が全面的に介入する暴力的紛争が終わらない。独裁的な体制が崩壊した後も政権は安定しない。世界が平和にならない限り、アフラシアは平和にならない。アフラシアの内発的な平和が実現すれば、世界には希望が見えるだろう。しかし、不安と怒りは伝染し、国境を越える。

## ムスリム人口の世界的分布

中東・北アフリカの平和がアフラシアの平和の鍵となる。このことを認識する一方で、現実のイスラーム世界は中東・北アフリカ世界よりずっと広いことにも留意する必要がある。イスラーム世界と非イスラーム世界の関係をどう構想するかという問題は、かつて言われた「アラブ問題」にとどまるものではないのである。

六一〇年にムハンマドがイスラームの教義を開いたとき、その教えを信じてムスリムになったのは数人にすぎなかった。だが、アラビア半島から始まったイスラームの信仰は、領土的な征服と指導者の改宗を通じて、八世紀には西アジアへ、北アフリカへ、さらに南アジアの北西部、中央アジア、そして西ヨーロッパのイベリア半島にまで広がっていく。「ダール・アルイスラーム」(イスラームの家)と呼ばれる地域は拡大し、その版図では徐々にムスリムの人口が支配的になっていった。

そして、イスラームの教えは西アフリカ、東アフリカ、東南アジアへと広がっていく。そこで重要な役割を果たしたのは、征服よりも交易である。ムスリム商人は、商売人であると同時にインフォーマルな布教者でもあった。各地の商業都市は異教徒の改宗拠点となり、イスラーム神秘主義（スーフィズム）の教団員たちが、多神教的な環境のもとで唯一神の絶対性を説き、多彩な場所で地元の人々を信仰に引き入れていった。イスラームの勢力圏は、人の移動とモノの移動、そして経済機会の拡大とともに、千年の時間をかけて世界に広がっていったのである。

イスラームを受け入れた者は、世界のどこに移動しても、ムスリムとしての十全な資格をもって礼拝に参加することができる。世界の様々な宗教と比べても、これはイスラームの大きな特徴だと言えるだろう。世界のどこでも、礼拝の言葉はムハンマドが神の啓示を受けたアラビア語である。祈る者がアラブ人だろうとなかろうと、アラビア語を使わなければ祈りは神に届かないからである。イスラーム世界が広がりながらも一体性を維持できたのは、このように祈りの言葉が共通であることも大きい。

イスラームが勃興した地域のムスリムは、すでに世界のムスリム人口の多数派ではなくなっている。トインビーの狭義のアフラシア、つまり中東・北アフリカを、残りのアフラシアと地域的に区別したうえで、世界各地のムスリム人口の分布を見てみよう。米国のシンクタンクのピュー研究所によると、二〇一〇年の時点でムスリム人口が世界で最も多い国はインドネシア（二億九一二万人）であり、それにインド（一億七六二〇万人）、パキスタン（一億六七四一万人）、バングラデシュ（一億三四四三万人）、ナイジェリア（七七三〇万人）、エジプト（七六九九万人）、イラン（七三五七万人）が続く。これらの国々のなかでムスリム人口の増加率がいちばん高いのは西

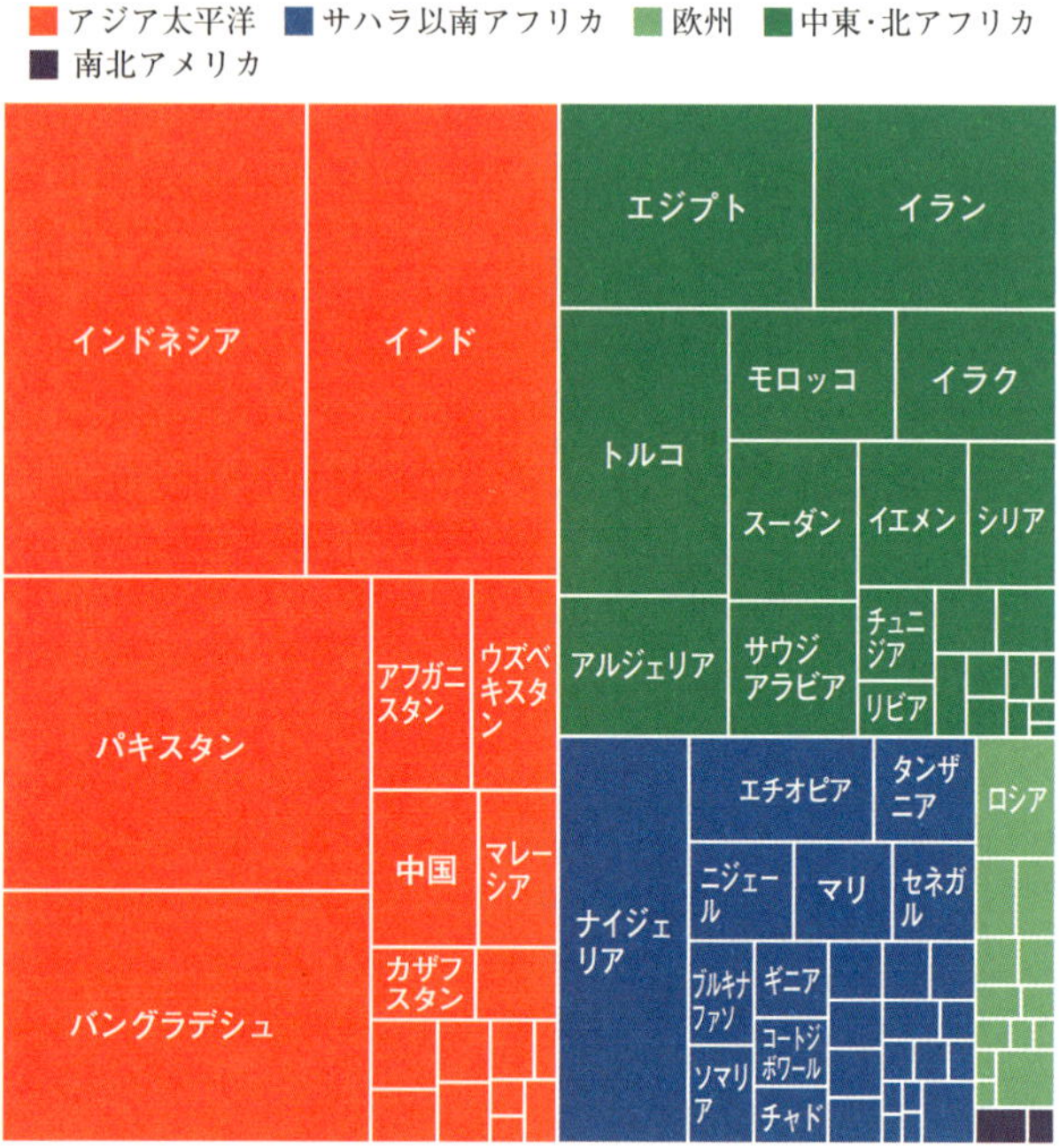


**図 8-1　世界のムスリム人口(2010 年)**

注：ムスリム人口が 1 万人以上の国のみ(図 8-2 も同じ)
出典：Pew-Templeton Global Religious Futures Project.
http://globalreligiousfutures.org/

アフリカのナイジェリアであり、二〇五〇年には三倍増して二億三〇〇〇万人に達するとされる。全体として、南アジアにおけるムスリムの存在感の大きさ、そしてサハラ以南アフリカにおけるムスリム人口の増加が目立つ(図8-1、図8-2)。

同じデータによると、二〇一〇年、世界人口に占めるキリスト教徒の割合は三一・四パーセント、ムスリムの割

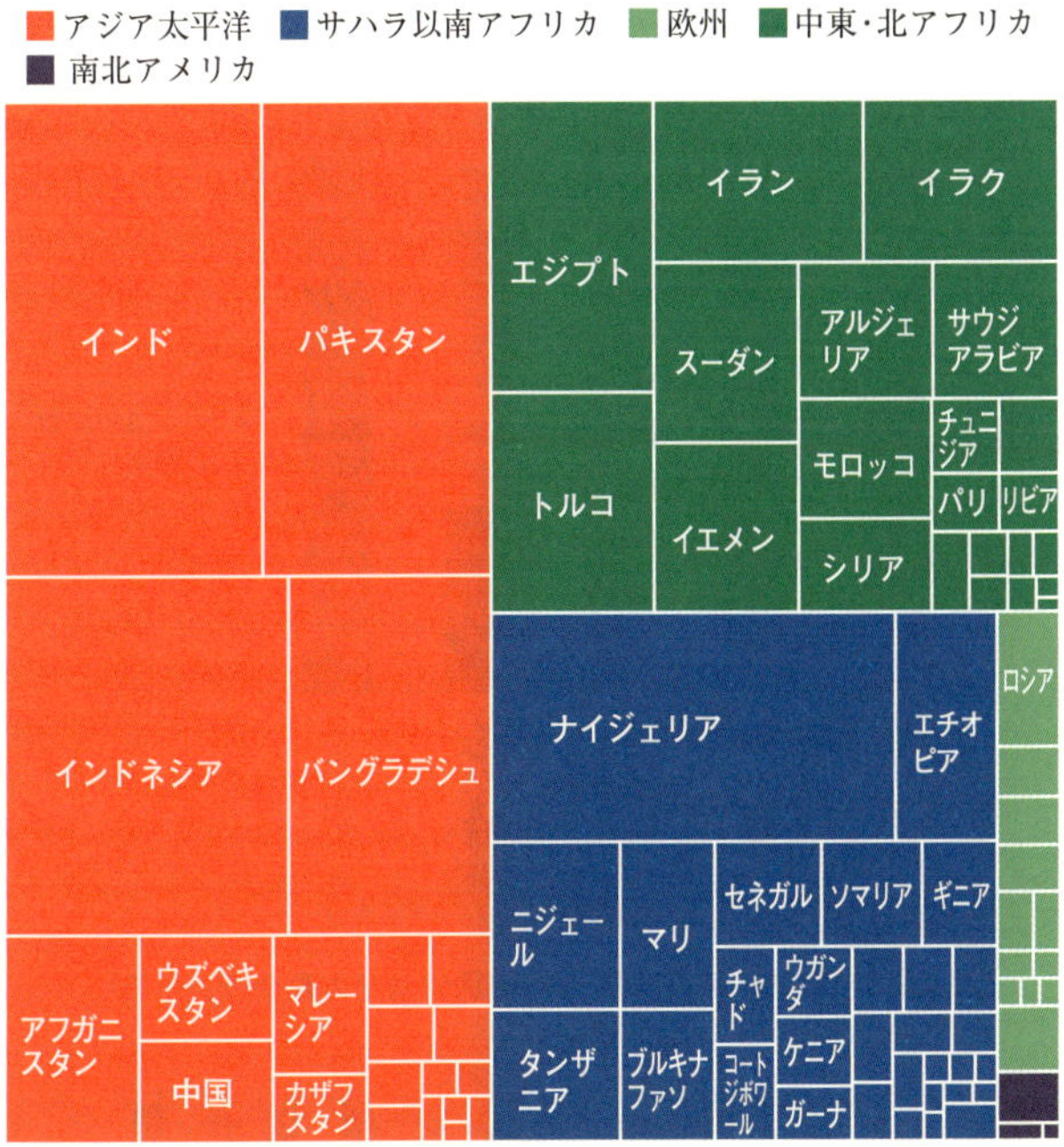


**図8-2　世界のムスリム人口(2050年)**
出典：図8-1と同じ

合は二三・二パーセントだったが、二〇五〇年には両者はおよそ三〇パーセントずつで拮抗するとされる。二〇一〇年の世界の宗教人口の割合を地域別にまとめたのが図8-3である。無宗教者を除くと、南北アメリカとヨーロッパではキリスト教徒が明確な多数派を占める一方で、中東・北アフリカではムスリムが圧倒的な多数派を占める。両者の中間を見ると、サハラ以南アフリカではキリスト教徒とムスリムが二極を形成

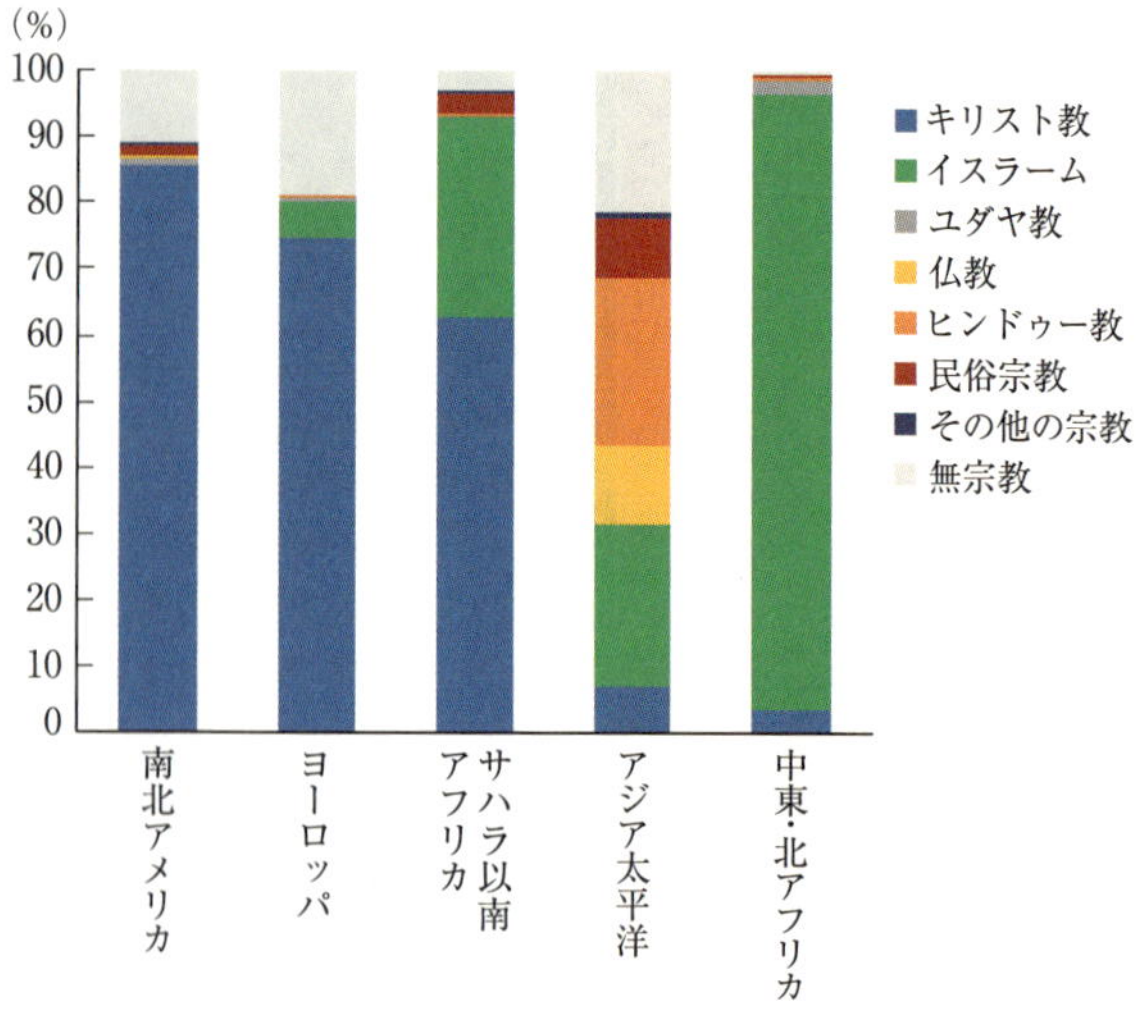


**図 8-3　世界の宗教分布－地域別の信徒の割合(2010 年)**

出典：図 8-1 と同じ

しており、アジア太平洋（中東を除くアジアおよびオセアニア）ではあらゆる種類の宗教と無宗教が（よそよそしく）共存している。異なる信仰共同体が共存し対話する新たなモデルが登場する場所があるとしたら、東南アジア、南アジア、そしてサハラ以南アフリカかもしれない。

　イスラームは中東・北アフリカで定着し、さらにアジアとアフリカを広域的に結びつけるようになった。この接続性と一体性は、言語とテキストに加えて、自覚的にこの一体性を求める政治行動、そして接続性を記述し、説明しようとする知的営為によっても支えられてきた。歴史を遡行して、そのいくつかを見ていくことにしよう。

### アフラシアを結ぶ旅

西洋の植民地支配によって分裂を余儀なくされたイスラーム世界の再興を願って活動した人物といえば、ジャマールッディーン・アフガーニーを忘れることはできない。一八三八年頃にイランとアフガニスタンが交わる地域に生まれ、一九世紀を生き抜いたアフガーニーは、汎イスラーム主義者だった。インド、トルコ、エジプト、イギリス、ロシアなどを精力的に旅したアフガーニーは、西洋文化がもたらす脅威について警鐘を鳴らすとともに、スンナ派とシーア派が団結し、非イスラームの民族主義者を味方につけることによって、帝国主義を効果的に撃退すべきだと説いた。狭義のアフラシア地域の植民地を解放する「共同戦線」をつくろうとしたのである。アフガーニーは合理的な科学を重視したが、彼が呼びかけたのは世俗的な民族主義ではなく、あくまでイスラームの刷新と団結であった。

アフガーニーは、文明史家イブン・ハルドゥーンの著作を、よく読んでいたようである。イブン・ハルドゥーンは、一三三二年に北アフリカのチュニスで生まれたムスリムの総合的知識人である。イベリア半島で暮らしたあと、エジプトのカイロで学究生活を送ったハルドゥーンが念頭に置いていた世界は、まずもって北アフリカだった。北アフリカの地中海沿岸部には繁栄した商業都市が点在し、その内陸部では砂漠の遊牧民が暮らしている。この構図に親しく触れていたイブン・ハルドゥーンは、名著『歴史序説』において、より一般的な都市と後背地の関係性をめぐる社会学的な議論を展開した。彼が観察するところでは、都市は経済の原理、その後背地の砂漠は政治の原理で動いており、後者に属する「族的」集団が前者を周期的に征服してきた。そしてイスラームの教義は、遊牧民の政治と都市民の経済活動の双方に存在の根拠を与えることで、社会の均衡をもたらしてきた。イスラームは、共同体「内」よりも共同体「間」の関係を統御するネットワーク型の宗教として広がっていったのである。

イブン・ハルドゥーンと同じ一四世紀に活躍したイブン・バットゥータは、イスラーム世界をくまなく周遊し、さらにその外部にまで精力的に足を伸ばした旅行家である。一三〇四年にモロッコで生まれた彼は、アラブ系ではなくベルベル系であった。イブン・バットゥータは、中東・北アフリカ、東アフリカのインド洋沿岸を巡り、南アジアに逗留した後、東南アジアから中国まで旅したとされる(ただし、中国の記録は伝聞の可能性がある)。訪問先の人間と文化を生き生きと記録したイブン・バットゥータは、晩年にはサハラ砂漠を縦断し、西アフリカの内陸部を訪れた。彼は、イブン・ハルドゥーンが濃厚な「血の結合」を見て取った砂漠の遊牧民たちの交易ルートを内陸へとたどり、現在のニジェール、マリ、モーリタニアを訪問している。

マルコ・ポーロもそうであるが、この時代の旅行者たちは既存の交易ルートをなぞって旅をしているのであり、かれらの偉大さは旅をしたことそれ自体よりも、自分たちが見聞したことを生き生きと記録したところにある。イブン・バットゥータの旅行記は、一四世紀の広大なアフラシア世界の豊かな接続性を活写するものだった。イスラーム世界が当時のアフラシア世界の経済的、文化的な中心に位置していたことは明らかであるが、そのネットワークの周辺にはハイブリッドな精神世界が広がっていたことも伝わってくる。

## アフリカのイスラーム

アニミズムを社会の基層とする日本に儒教と仏教が伝来したのは、五世紀のことであった。政策学として支配階層に受容された儒教とは異なり、仏教は武士と農民からも多くの信徒を獲得し、一三世紀までに多数の独自の宗派に枝分かれしていった。アニミズムはナショナルな体系として神道と呼ばれるようになったが、信仰の実態としては仏教と融合していた。

このように土着の宗教と外来の宗教の融合が起きたのは日本だけのことではない。イスラームの内部においても、シーア派の教義がペルシアのゾロアスター教の影響を受けたことはよく知られている。インドネシアでは、旧来の海洋マレー文化を基層として、ヒンドゥー教と仏教が伝来し、イスラームがその上に覆い被さる形で信徒を広げていった。インドネシアは世界最大のムスリム人口を抱えるが、インドネシア人の日常の文化と世界観には他宗教の影響が色濃く見られる。

世界宗教の土着化が特にユニークな形で進行したのが、キリスト教とイスラームの双方を古くから深く受容してきたアフリカである。ケニア出身のムスリムである平和研究者アリ・マズルイの議論を手がかりに、アフリカのイスラームの特質をキリスト教と対比して整理してみよう。

イスラームは七世紀のヒジュラ時代からアフリカの北東の一角を占めるエジプトに浸透し、さらに北アフリカ一帯へと影響力を広げていった。その後はサハラ砂漠を縦断するラクダの隊商の交易を通じて西アフリカに、そしてダウ船と呼ばれる木造帆船によるインド洋沿岸の交易を通じて東アフリカに、影響力を広げていく。西アフリカの内陸部、現在のマリ共和国に位置するトンブクトゥは、イスラーム学の拠点として一四世紀から一六世紀に大いに栄えた交易都市である。その一方、アフリカではキリスト教の歴史も古く、エジプトは二、三世紀にキリスト教を受け入れてコプト教会を確立し、エチオピアでは四世紀にはエチオピア正教会が成立している。ただし、アフリカのそれ以外の場所でのキリスト教の拡大については、一五世紀末以降、カトリックをはじめとする西洋の諸教会の布教活動が大きな役割を果たしている。

アフリカのイスラームには、土着の慣習に積極的に適応するという特徴が見られる。それはアラブ系ムスリムの移民が多かった東アフリカよりも、地元のアフリカ人の改宗者が多かった西アフリカにおいて顕著だった。礼拝では太鼓が使われたし、祖先崇拝、女子割礼は、奨励されないにしても容認された。聖職者たちの組織は柔軟で、分権的であり、あまり階層的ではなかった――ムスリムに「バチカン」に相当する組織は存在しない。

アフリカのイスラームには、原則を曲げない側面もある。すでに述べたように、アラビア語は世界のどこでも共通の礼拝の言語であり続けている。アルコールの禁止などの禁忌もまた、キリスト教と比べると厳格である。一日に五回、決まった時間に礼拝するとともに、一生に一度メッカに行くという決まりは、イスラームを受け入れたアフリカの広大な地域において、人々の時間と空間の感覚を変えてしまった。西洋による植民地化の前にそのような社会変容があったことは、アフリカの外部ではあまり気づかれていない。

他方で、アフリカにおけるキリスト教の位置を見てみると、いろいろな意味でイスラームとは対照的である。宣教師たちは、イエス・キリストが話したアラム語やヘブライ語ではなく、地元の人々がわかる言語で礼拝を執り行ってきた。新訳聖書は英語、フランス語、ポルトガル語のみならず、多数のアフリカ言語に翻訳されている。キリスト教の性格が亡命者の宗教であることも関係しているだろう。イスラームとは異なり、キリスト教はその誕生の地において勢力を確立することができず、迫害の後に遠く離れた西ヨーロッパにおいて主流化し、それから様々な言語の担い手によって世界に広がったのである。

アフリカのキリスト教は祈りの言語にはこだわらず、飲酒にも比較的寛容だが、地元の価値観についてはあまり妥協せず、一夫多妻制や女子割礼を攻撃してきた。教会組織の階層も厳格である。現在、アフリカでは米国で始まったペンテコステ派など新世代のキリスト教の影響も強まっており、音楽やダンスを積極的に活用し、若者の信徒を集めている。

## 土着の共存の作法

キリスト教と比べてイスラームが不寛容だという考えが広がっているが、原理的には、そしてとりわけアフリカでの宗教実践においては、必ずしもそういうわけではない。イスラームではユダヤ教、キリスト教、イスラームの三つの教義には矛盾がないとされており、そもそもの成り立ちが「多文化共生」的である。イスラームの版図においては、ユダヤ教徒もキリスト教徒も一定の税金を納めれば信仰を守ることができた。定時の礼拝、アルコールの禁止、礼拝の際のアラビア語の使用を除き、強い原則を強制せず、アフラシア周辺部では多神教的な実践をも容認してきたイスラームは、これからどのような変容を遂げていくのだろうか。歴史的に見て、アフリカでは宗教を軸とする紛争がまれであったことは、強調しておいてもよいだろう。

タンザニアの大統領は、一九六四年の連合共和国の成立から現在まで、キリスト教徒とムスリムが交替でつとめることが暗黙の慣行になっている。一九八〇年代、アパルトヘイト時代の南アフリカでは、キリスト教徒、ムスリム、ユダヤ教徒がともに街頭に出て、人種差別に抗議して警官隊と衝突したものである。

アジアに目を転じると、マレーシアのブミプトラ政策は、多数派のマレー系市民を対象とする体系的な格差是正措置として世界的に注目を集めてきた。マレー系市民は圧倒的にムスリムが多く、少数派市民は仏教徒、道教徒、キリスト教徒、ヒンドゥー教徒などだが、相対的に貧しかったマレー系の市民を政府が優遇したことで信徒間の対立感情が強まることはあまりなかった。他方、キリスト教徒が多数派を占めるフィリピンでは、ミンダナオにムスリム主体の自治政府が樹立されようとしている。

アフラシアの世界には、多様な宗教の共存を目指す経験知や規範が豊かに存在している。こうした共存の作法は外部から持ち込まれたのではなく、アフラシアのそれぞれの社会において内発的に発展してきた。それは、多様性それ自体を価値とするというより、他者の存在を認めて折り合いをつけるものだったと考えられる。平和を強制することはできない。すでにあるものを尊重し、じっくりと待ち、当事者たちによる問題解決に寄り添うことが大切である。

# 第九章　「南」のコミュニケーション

## アフラシアの言語分布

アフラシアの中核地域では、多神教的な世界を基層として、ユダヤ教、キリスト教、イスラームという有力な一神教が生まれた。その東には、インド起源の仏教、ヒンドゥー教、中国起源の儒教——儒教は宗教の一形態だろうと筆者は思う——の世界が広がっており、アフリカではキリスト教とイスラームの双方の土着化が進んでいる。多様なモザイクを示すのは宗教だけではない。東南アジアのＡＳＥＡＮやアフリカのＡＵといった地域機構には、市場経済を信奉してきた国も、社会主義国の理想を捨てない国も、議会制民主主義が定着した国も、独裁が続く国も加盟しており、さしあたりすべてのシステムが共存している。

第一章からここまで、アフラシア世界の内部の対話の質によって二一世紀の世界の姿が決まっていくことを、様々な角度から議論してきた。非国家アクターも含めて、多様な集団、多様な個人が共同性を育んでいくためには、互いの意思疎通を図ることが必要である。本書を締めくる前に、アフリカとアジアの多様な社会の多様な個人がどのような道具を用いて互いのコミュニケーションを進めていくべきか、正面から考えてみることにしよう。

アフラシアで話されている多彩な言語の分布を地図で正確に見せるのは容易ではない。日本では想像しにくいが、世界には多言語社会が多く存在しており、そこで人々は話す言語を日常的に切り替えながら生活している。しかも、それらの言語の間には複雑な権力関係がある。たとえば、インドではヒンディー語が全国レベルの公用語（英語も公用語に準じると規定される）だが、州レベルでは計二二の公的言語がある。多言語社会を反映したこれらの国々では、実際にこれらの言語が話され、書かれているけれども、相対的には旧植民地宗主国の言語が共通の読み書きの言葉になっている。

アフラシアの言語状況を視覚化するには何らかの単純化が必要なので、いっそのこと国家レベルの公用語の分布を示してみたらどうだろう。口絵15はアフラシアの各国の公用語を、まず公用語が単一の国と複数の国に分け、単一の国については、英語、フランス語、ポルトガル語という旧宗主国の言語、広域言語としてのアラビア語、そしてその他の地元の民族語――そこには中国語や日本語も含まれる――に分類して、図示したものである。それぞれの国がそれぞれの歴史的な背景を考慮して、公共の場で使われる言語を決めていることがわかる。大きい傾向としては、アジアの多くの場所では地元の民族語、サハラ以南アフリカでは旧植民地宗主国の言語、中東と北アフリカではアラビア語が使われている。

公用語の分布では見えなくなる言語もあることに注意しておきたい。たとえばパキスタンとタンザニアの公用語はどちらも英語だが、前者の国語はウルドゥー語、後者の国語はスワヒリ語である。公文書はほとんど英語だが、初等および中等教育ではそれぞれの言語が使われており、国民の多数はこれらの国語を日常的に話している。

言葉がわからなくても人は移動できるし、移動する。アジア人とアフリカ人の街路での商売の基本言語は、身振り手振りと数字である。しかし、移動と定住が一定の規模を超えると、より深い意思疎通が不可欠になっていく。これから二一世紀に向かって、アフリカ人とアジア人のコミュニケーションの道具はどうなるだろうか。道具を選び取るためには、まずそれを何に使うかを理解することが必要である。そこで、これから三つの機能に即して、人間の言語を特徴づけてみよう。

### 交通の言語

まず第一に、交通の言語(language of communication)を考えてみる。これは、異なる文化集団が異なる利益集団でもあることを前提に、他者どうしの意思疎通を実現させる伝達の言語である。外国語教育の目的として最も重要なことは、相互理解一般ではなく、背景を異にする人々が互いの意図をできるだけ正確に理解し合うという、狭い意味でのコミュニケーションの技術を磨くことであろう。

英語をはじめとする世界言語は、それらが普及するに至った経過が公正だったとは限らないが、機能的には異文化間の最大公約数的なコミュニケーションのツールであると割り切ることもできる。アフリカの知識人や技術者たちは、英語、フランス語、ポルトガル語、あるいはアラビア語を操る。アジアにおけるアフリカ研究の未来について、日本、中国、韓国、インドの研究者たちが語り合う場に筆者は何度も顔を出しているが、ここでも意思疎通の言葉は英語である。一部のインド人を除いて、そこに英語ネイティブは誰もいない。文化的な出自が何であれ、それぞれの集団への帰属を前提としながら、お互いを発見し、対話を楽しみ、ときに戦い、大局的には相互の利益を増進するのである。

個人利用のコンピューターやスマートフォンがごく少数の世界共通のオペレーション・システムに依拠しているように、交通の言語の種類はあまり多くない方が効率的かもしれない。世界の人々が、自分の親密な感情は自分の言葉で表現するけれども、グローバルな公共空間で自分の意見を表明する際には共通語としての英語に徹するというのも、ひとつの選択ではあるだろう。

しかし、ネイティブではない話者がコミュニケーションに参加するにつれて、英語が「汚染」されていく、あるいは豊富化されていくこともある。筆者の手元には *A Dictionary of South African English*（Cape Town: Oxford University Press）のいくつかの版があるが、他言語からの多彩な借用語に驚かされる。その大半は、オランダ語と先住民の言語を起源とするアフリカーンス語の語彙が入り込んだものである。異文化間の活発なコミュニケーションによって、英語であれ何であれ、手段となる言語が雑種化していくのである。

他方、ツールとして使えるのであれば、交通の言語が英語である必要は必ずしもない。孔子学院はアフリカやアジアの各地で積極的に中国語を教えており、近年は流暢な中国語を話すアフリカ人も増えている。グローバルな中国語教育の副産物として、漢字を覚えたアフリカ人が日本語を比較的容易に習得するケースも出てきている。共通言語としてのヨーロッパ言語や中国語を話せなくても、優秀な通訳がいればコミュニケーションは可能になる。北京外国語大学では、アムハラ語、ハウサ語、スワヒリ語、ズールー語、アフリカーンス語といったアフリカ諸言語を中国人学生に教えて、未来の通訳者を育成する体制が整っている。

ガーナ出身の言語学者クウェシ・プラーは、アフリカ版エスペラントともいえる「汎アフリカ諸言語」の創設を訴えた。アフリカ社会は、無数の「部族」が互いに理解できない言葉を話して対立する「バベルの塔」の社会ではない。プラーによれば、アフリカ人の七五パーセントが話す言葉は、おおむね一三種類の言語に通約可能なのだという。アフリカ内部の多様性を前提としつつ、西欧言語にによらないアフリカ言語でのコミュニケーションを促進していくために、既存の土着の諸言語を合理化し、正書法を整え、広く使えるようにしていこうという提案である。東アジアの漢字を標準化しようという提案も、似た趣旨のものだろう。

### 理知の言語

世界がひとつになると、相互理解を超えて、人類の共通知を深める道具としての言語が必要になってくる。この側面で最も大きな比較優位があるのは、間違いなく英語である。歴史的には、普遍宗教の言語としてサンスクリット語、ラテン語、アラビア語などが果たしていた(いる)役割も想起したい。

典型的には、学術の世界の言語がこのカテゴリーに入る。つまり、理知の言語(language of reasoning)である。世界各地の学会では英語の利用が標準になっており、理系では特にその傾向が強い。筆者が設立のお手伝いをした人間の安全保障学会は、文系では日本では他にほとんど例がないと思うが、研究発表も学術雑誌も英語だけの学会として機能してきた。そこでの英語の選択は、グローバル・スタンダードとしての「欧米の標準」に合わせるというのではなく、「南」の出身の留学生と日本人学生が対等な立場で国際関係の議論を深めていく空間を提供することが目的だった。日本の学校教育では科学と論理を扱う言語として英語を教えるシステムが弱いが、この学会の学術討論では日本人の大学院生たちも頑張っている。二〇一八年には在日アフリカ人の大学教員が中心となって、やはり英語で学術発表を行う日本アフラシア学会が設立された。

自動翻訳が実用化されれば、理知の言語も交通の言語も、英語である必要はなくなる。それぞれが教育を受けた言語で書いたり話したりすれば、英語ないし他の言語に変換されるからである。その場合、翻訳ソフトが受け付けてくれる論理的な日本語を書けるかどうかが大切になる。日本の理系の研究者の学術論文を読んでいると、数式は美しいのだが、日本語は意味をなさないというケースがたまに見られる――究極の理知の言語は数式かもしれない。

地方的な言語を鍛え上げて、理知の言語として使えるようにする努力も必要だろう。プラーは汎アフリカ諸言語について、曖昧さを減らすことで科学の言語にしていく方向性を提案している。アフリカ諸語による理数科教育を構想するのである。日本語がそうなったように、あらゆる地方語が理知の言語になりうるのであり、その可能性を放棄してはならない。

言語が統合され、世界単一の理知の言語が生成されると仮定しても、理詰めの議論にはそれぞれの正しさがあり、結論が常に一致するとは限らないことに注意しておきたい。大宗教のみならず、マルクス主義の科学を信奉する諸政党も世界的には大分裂していたものである。そもそも科学の進歩というものがあるとして、その源泉は「学派」の分裂と互いの論戦であろう。

普遍的な正しさへの希求があるにしても、複数の道がありうる。アプローチの違いを際立たせるためにも、誤解の余地のない、厳格で論理的な言語と言語実践が必要なのである。

## 情愛の言語

ルソーによれば、人間は生存のために離れ、情念によって結びつき、そこで言語が生まれるのだった。だが、生存のために離れるというのは、すでに自立した個体を前提としている。哺乳類の親子は生存のために結びつく。あるいは、もともと離れていた個体が愛によって結びつき、ともに生存しようとする。ここで発生するのが情愛の言語(language of affection)である。公共圏において書かれる言語ではなく、親密圏において話される言語、あるいは話すように書かれる言語である。

情愛の言語は、「母親が語りかけることば」すなわち母語とされるものであったり、おじいちゃん、おばあちゃんの昔話の言葉だったり、あるいは子どもたちの遊びの言語であったりする。同じ言語が、情愛と背中合わせの憎悪の言語になることもあるだろう。情愛の言語、感情の言語はもっとも原初的な言語であるだけに、それ以外の言語機能との絡み合いが重要になる。家庭内言語と国語がおおむね一致する国では、ナショナリズムの形成は相対的に容易かもしれない。多数の異なる言語集団を束ねて国家が成立している場合、ナショナリズムの強さはその

「束ね方」によって試される。

一一の公用語(最も有力な共通語は英語。次がオランダ語系クレオールのアフリカーンス語。他の九つはバントゥー諸語)が存在する南アフリカにおいて、ネヴィル・アレクサンダーという教育学者が興味深い多言語教育論を提唱したことがある。初等教育では英語を拙速に導入せず、論理的な思考を重視する理系科目も含めて地元の言葉、家庭で話されている言葉で教育すべきであり、その基礎をふまえて高学年で英語の比重を徐々に強めていこうというのである。ネルソン・マンデラと同じロベン島監獄に政治犯として幽閉された闘士でもあったアレクサンダーが重視したのは、学習者の心的態度としての「自信」である。

インドネシアやマレーシアが言語分類としてのマレー語を、タイがタイ語を公用語にしているのは、情愛の言語に近いところでナショナルなコミュニケーションを促進する効果をもつ。東アフリカのスワヒリ語は、タンザニアの多くの人には情愛の言語であるが、教育でも重視されている。二〇〇六―一一年にユネスコの支援を受けて東南部アフリカ一六カ国・地域で実施された小学生の読解力試験では、高所得国のセイシェル、上位中所得国のモーリシャスを抜いて、低所得国のタンザニア本土の学童たちが第一位だった(http://www.sacmeq.org/のデータによる)。

コミュニケーションについて、文化人類学では、ローコンテクスト文化とハイコンテクスト文化を区別する考え方がある。前者は正確で曖昧さのない情報の伝達を重視する文化であり、後者は暗黙のうちに伝達される言外の意味を重視する文化である。ヨーロッパ世界の言語が前者、非ヨーロッパ世界の言語は後者だとしたうえで、後者の伝達能力の意義を高く評価するのである。だが、西洋を知に、アフリカ・アジアを情に対応させるという前提条件そのものが植民地主義の思考だとも言えるだろう。

スワヒリ語で蛙をチュラという。学校に行く途中で友だちとチュラをみつける。理科の教科書に英語のフロッグではなくチュラがでてくる。家に帰っておばあちゃんとチュラの話をする。情愛の言語はそれ自体として重要だが、それを理知の空間へと開いていくのも、とても大切なことではないだろうか。

## 二二世紀の言語

第五章でとりあげたチャンドラン・クカサスは、イギリスの哲学者デヴィッド・ヒュームの「党派一般について」という短い論説を引きながら、人間が集団を結成する際の主要な動機は「利益」「原理」「愛着」の三つに分けられると議論している。本章で提示した言語の機能の分類は筆者自身の経験知によるものだが、これと少し近い議論かもしれない。ヒュームによれば、政治や宗教にもとづく原理の党派、家系にもとづく愛着の党派と比べると、利益にもとづく党派が最も温和なのだという。

この章における三つの言語の分類は、あくまで機能による分類であり、実際には、同一の言語が場面に応じて異なる機能を果たすことが多い。すでに異なる機能――とりわけ理知と情愛の言語――の絡み合いを議論してきたが、たとえば米英においては、英語が三つのすべての次元の言語機能を果たしている。それ以外でも、植民地支配を受けたことがない国々では、土着の自国の言語がすべての次元の言語機能を果たすことが多い。他方、場面によって言語が自在に使い分けられる国々も多く存在する。たとえば、セネガルの技術者であれば、家庭ではウォロフ語(情愛の言語)、職場ではフランス語(交通の言語)、国際学会では英語(理知の言語)を話したりするだろう。

単一の言語が広く普及している場合でも、文語と口語とでは、ときに意味が通じないほど異なることがある。アラビア語の文語はクルアーンとともに世界に広がったが、たとえばエジプトで話されるアラビア語の口語はまったく異なったものである。イスラームにおけるアラビア語は神との交通の言語であり、真理に近づくという意味では理知の言語であるが、同時に朗唱の美しさがクルアーンの生命でもある。日本人学生が西ヨーロッパの諸言語を学ぶ場合も、まずもって響きの美しさに引かれる場合がある。人間の体は楽器であり、その楽器を使って言語が発声される限りにおいて、その言語は第四の次元としての音楽、朗唱、美の言語になりうる。

この機能まで考えに入れると、国際言語が英語だけになったら、人類の文化はとても貧しいものになるだろう。

アフラシアの住民の大部分にとって、英語やフランス語が日常の情愛の言語になることは考えにくい。したがって、私と公で言語が分裂するという多言語状況があちこちで発生している。交通の言語と理知の言語については、単一の大言語が支配することになるのか、複数の大言語が群雄割拠することになるのか、まだよくわからない。いずれにせよ、自然地理にもとづく地政学とは別に、言語地政学という分野を考えてもいいかもしれない。

アフリカ人とアジア人が直接コミュニケーションを組織する場合は、それぞれの地元の言語を尊重しつつ、さしあたり交通と理知の言語として英語を使うことが多くなっている。そのような場面にたとえば米国人が入ってくると、アフラシアの人々は顔を見合わせて、「この人はネイティブだな」という表情をする。米国人の側も当惑する。だが、話を進めていくうちに、皆が議論の内容に集中し、語彙や発音の違いはあまり気にならなくなる。

アフラシアのコミュニケーションは、域外の人々を排除するわけではないが、主要な原則としてはアフリカで暮らす人々とアジアで暮らす人々の対話が組織されることになるだろう。EUと日本の戦略対話の枠組みはすでに存在するが、そこに米国やインドの代表は無理に入ろうとはしないだろう。米国と日本の戦略対話の枠組みはすでに存在するが、そこにブラジルやドイツの代表が無理に入れてくれとは言わないだろう。

開かれた対話ではオブザーバーの参加は歓迎されるし、人種の違いも問題にはならない。たとえばインドの代表はインドに帰化したイタリア人でもいいし、南アフリカの代表はフランス人ユグノー(プロテスタント)の末裔の白人でもいいわけである。人種も宗教も言語も、対話への参加資格とは何の関係もないのだ。それでもなお、アフラシアの広域的なコミュニケーションを主導していくのは、アフラシアの空間を「自分の家」とみなす人々であるに違いない。

# 終章　共同体を想像する

## 民主主義の二つの意味

百年後にアフリカとアジアの人口が世界の人口の四割ずつを占めるというのは、あくまで現時点でのシナリオであって、正確な数字は時間の経過とともに見えてくる。それよりも重要なのは、アフリカとアジアで暮らす人々が地球市民の圧倒的な多数派になりつつあるという「傾向性」を確認することである。かつての支配者が少数派になり、かつての被支配者が多数派になっていく動きは、すでに確実に進行中である――この流れは、世界の自己統治すなわちグローバル・ガバナンスの未来にとって、どのような意味をもつのだろうか。

この問いに答えるために、民主主義の意味について少し考えてみよう。これまでノーベル経済学賞は、白人の経済学者たちがほぼ独占してきた。ガラスの天井を破ったのは、カリブ海の島国セントルシア出身のアフリカ系の経済学者W・A・ルイスである(一九七九年受賞)。筆者はルイスが書いた経済論と政治論をよく読んできたのだが、彼の作品のひとつに、独立後のアフリカ諸国の政治体制の選択について論じた『西アフリカの政治』(一九六五年)がある。そこでルイスは、民主主義という言葉には二つの意味があると論じている。

その第一の意味は、ある決定によって影響を受けるすべての者が、直接的にであれ、選ばれた代表を通じてであれ、その決定に参加する機会を与えられなければならない、ということである。その第二の意味は、多数派の意思が支配するというものである(W. A. Lewis, *Politics in West Africa*, Oxford University Press, 1965, p. 64)。

政治的な意思決定においては多数決の結果(第二の意味)が重視される。しかし、ルイスによれば、ビジネス、スポーツ、家族、教会、大学など、政治以外の諸制度においては、投票よりも全員のコンセンサスと妥協(第一の意味)が重視されるのが普通である。成員が党派闘争に明け暮れるようになったら、本来の仕事がおろそかになるだろう。すぐれた指導者とは、皆がひとつのチームとして力を合わせて働けるようにできる指導者である。

汎アフリカ主義者としてアフリカ大陸の平和と繁栄を希求していたルイスは、一九六〇年代に独立を果たしたアフリカの国々が、イギリスの小選挙区制やフランスの大統領制といった政治制度を宗主国から無批判に移植することを懸念していた。大小の多様な民族集団が共存していくべきアフリカに「勝者総取り」の多数決民主主義が持ち込まれると、破壊的な結果になりかねない。過半数を制した民族政党が国家装置の支配権を独占し、資源を勝者の内輪で分配するようになれば、選挙で敗北した民族はすべてを失うだろう。それならクーデターを試みるしかない。

少数派の意見を聞く。どうしても必要なら多数決で決める。この二つの原理は時として鋭く対立することがある。アフリカだけの問題ではない。私たちはバランスをとる英知を積み重ね、制度と態度を改善していく必要がある。本書のテーマに即して言えば、世界は多数派のアフラシア(八割)が考えることを尊重すべきであり、アフラシアはそれ以外の少数派(二割)の希求や懸念に耳を傾けることが必要だということになる。この民主主義の二重の原理は、アフラシアの内部の多数派と少数派の関係にも適用されるべきだろう。

## 多数派の意思が支配する

それにしても、多数派の意思が支配するという原理は大切である。日本において二五歳以上の男性の大部分が参政権を行使できるようになったのは、一九二八年の衆議院選挙だった。成人の女性と男性が初めて平等に参政権を行使できたのは、一九四六年の衆議院選挙だった。いかに人類が愚かでも、歴史の進歩というものはある。人類の政治史を見ると、支配的な政体の大きな傾向としては、君主制から共和制（ないし立憲君主制）に向かってきた。絶対王政や制限選挙の復活を求める者はいないし、そのような制度が全地球に復活することはまずありえないだろう。

二〇世紀末に南アフリカのアパルトヘイト（人種隔離体制）が廃絶されたのも、そのような人類史の流れに沿うものだった。南アフリカの国民に占める白人の割合は、二〇世紀初頭に二〇パーセントほどで、同世紀末には一〇パーセントほどに縮小している。人口の一割に満たない少数派、しかもヨーロッパ出身の少数派が特定のアフリカの国の舵取りを独占するという体制が長続きしないことは、明らかだった。最終的に、白人至上主義政党は独裁を放棄した。一九九四年四月、人種を問わずすべての南アフリカ人が初めて一人一票の国政選挙に参加し、政治犯として投獄されていたネルソン・マンデラを大統領の地位につけた。

押さえつけられた多数派の力が解放されたのだ。毛沢東が強調したように、第一次世界大戦の後に二億人の人口を擁するソ連があらわれた。そして、第二次世界大戦の後にはあわせて九億人の社会主義陣営があらわれた。「もし、帝国主義者がどうしても第三次世界大戦をひきおこそうというのなら、その結果は、かならずやさらに数億の人口が社会主義の側に移り、帝国主義の地盤はあますところいくばくもなくなり、帝国主義の体制が全面的に崩壊する可能性さえもある、と断定することができる」（毛沢東「人民内部の矛盾を正しく処理する問題について」一九五七年、前掲『孫文　毛沢東』所収)。現代の哲学者スラヴォイ・ジジェクは、「悪政の王」毛沢東の内政を指弾すると同時に、このように外に向かう人民解放戦争のロジックを積極的に是認する。「南」の人民が次々と社会主義体制を選択し、グローバルな一握りの支配階級を押し倒していくのである。

現代の中国は市場経済を武器に取り込むことで、二一世紀にも人民解放戦争を継続しているのかもしれない。そして気がついてみると、消費生活の面でも価値観の面でも私たちとあまり変わらない中国人たちが、私たちの一〇倍を超える人数で、すぐ隣で暮らしていた。中国人の活力に対して日本人が大きな不安と幾ばくかの嫉妬を抱えていることは、正直に認めるべきだろう。

「南北問題」「第三世界」「アジア・アフリカ連帯」といった言葉は、想像力を喚起する力を失ってしまったようにも見える。だが、そのような言葉が表現していた「南の力」は、多数派の数的な存在感そのものによって実現しつつあるのかもしれない。勝敗を決めるのはイデオロギーの正しさではなく、物理的な数の力である――それが多数決のルールである。ただし、本書の第一章で見てきたように、これからの百年の間に人類社会の多数派の地位を占めていくのは、統計的な事実として、中国人よりもインド人であり、その次の段階では、インド人よりもアフリカ人になっていくだろう。

世界規模の民主主義を展望してみよう。地球という村の住民の八割がアフリカとアジアに暮らしており、その一人一人が権利と尊厳を有している。そして、二二世紀のグローバル・ガバナンスの基本的な要請として、かれらの「一票の重み」は等しくなければならない。なぜなら、「すべての人間は、生れながらにして自由であり、かつ、尊厳と権利とについて平等である」(世界人権宣言、一九四八年)からである。地球の未来を左右する事柄を決めていくにあたって、アフリカとアジアにおいて生きる多数派の人々の感性と価値観、希望と不安を知ることが、ますます重要になっていくはずである。

## 少数派の意見が尊重される

しかし、多数派は、ものごとを決断する前に少数派の意見を聞かなければならない。単に聞いたことにするのではなく、本当に耳を傾けなければならない。これがルイスのいう民主主義の第一の意味であった。結論は開かれている。理性的な議論を通じて、多数派の一部が少数派に転じることもあれば、少数派が多数派に合流することもあるだろう。時間をかけた対話を経て、必要ならば投票で決定が下される。結果が僅差だったら議論を続けたらいい。私たちは多様性を言祝《ことほ》ぎ、異なる意見の対立と交差を楽しむような民主的な文化を、地球規模で育てていけるだろうか。

南アフリカのネルソン・マンデラは、多数派を代表すると同時に、少数派の市民の意見をよく聞いたものだ。二七年にわたって獄中で暮らしたにもかかわらず自分を投獄した白人を許し、黒人でも白人でもない人々、すなわちアジア系の人々や、様々な祖先の血を引く人々とも、積極的に交わった。対話の相手を個人として尊重する一方で、相手の人格を形成した文化的な文脈にもとても敏感だった。

本書ではアフリカとアジアをまとめて「アフラシア」と呼ぶことを提案したが、アフリカとアジアをひとくくりにする根拠は、おおむね二〇世紀半ばまで、両地域が西洋の植民地支配を受けていたという歴史的事実に求められる。他者に踏みつけられた者は、他者を踏みつけてはならないことを知っているはずだ。

『成長の限界――ローマ・クラブ「人類の危機」レポート』を執筆したシステム工学者のドネラ・メドウズは、後に絵本にもなった「世界がもし百人の村だったら」という短文を書いたことがある。彼女によれば、地球は「村」として単一のシステムであり、その構成要素はすべてつながり、相互に依存している。しかし実際には、アジア村、アフリカ村、アメリカ村、その他の村々がそれぞれのシステムを構成し、複数のシステムがゆるやかにつながってもよいのではないだろうか。武人が尊敬される村もあれば、職人が尊敬される村もあるだろう。穀物が豊富にとれる村もあれば、狩猟を生業とする村もあるだろう。多様な村が連合し、地球という

「くに」をつくるのである。

そうすると、「強い村」と「弱い村」の関係を制御することが大切になる。アジアの内部には、覇権的な振る舞いを周辺諸国から懸念されている大国がいくつかある。名指しするならば、中国やインドがそうであり、もちろん日本もそうである。アフリカでも、ナイジェリアやエジプト、南アフリカといった国々は、経済力を含む国力の強さによって周辺諸国から警戒されている。

アフリカとアジアの内部において、「かつての西洋人のように」傲慢に振る舞ってはならないという原則を確認するべきではないだろうか。覇権を求めず、寄生せず、自由を奪わないことが、アフラシアの存在根拠である。古くさくなったかのように見える植民地主義批判のロジックにこだわることの未来に向けた意義は、そこにある。

## 温和な共同体

それにしても、アフラシアは共同体なのだろうか。共同体は、成員が帰属意識によって結ばれている社会集団である。ただし、その絆の強さには濃淡がある。町や村の自治組織では成員は互いに顔見知りになりうるが、国のレベルになると、成員の大部分は声を掛け合う機会さえない。したがって人々を結びつける情報装置が必要になる。

米国の政治学者ベネディクト・アンダーソンの『想像の共同体』(一九八三年)は、国民統合において言語および出版が重要な役割を果たすことを指摘したが、アンダーソン自身の事例研究の対象は、すでに確立した西洋の国民国家ではなく、インドネシアという新たな国民国家が二〇世紀に想像されていくプロセスであった。国民の共通の帰属意識を構築し、そこに物質的な力を与える近道は、外部に敵をつくることである。独立後のインドネシアは隣国のマレーシアを西洋の手先として敵視し、一九六五年には国連脱退にまで進んだものである。

アフラシアは、外にも内にも敵をつくらない温和な共同体になれるだろうか。アフリカとアジアに生きる人々を情念によって結びつける根拠があるとしたら、それは歴史的な他者との関係、すなわち西ヨーロッパという異空間の政治権力によって植民地支配を受けた歴史的経験だけである。この広大な空間を束ねる共通の属性は、他には存在しない。エチオピアやリベリア、タイや日本のように、植民地支配を免れた国々もあったが、面として地域を見ると、これらの国々も列強が支配を狙う対象だった。歴史的に日本は、列強の侵略に対する一種の過剰反応として、自ら帝国に化けてしまった。植民地的な関係が繰り返されてはならない。大国が中小国の自由を奪うことがあってはならない。アフラシアは、「義」による想像の共同体である。

アフラシアは、その内部において植民地的態度をとらない文化共同体、紛争を軍事的手段で解決しない不戦共同体、そして資源の搾取をしない開発協力の共同体でありうる。文化芸術や学術の分野での協力を涵養することは比較的容易だろう。地域内には軍事介入による紛争の解決に批判的なコンセンサスもある。

日本は一九九三年以降、アフリカ開発会議(TICAD)と呼ばれるアフリカとの開発協力の枠組みを育ててきたが、類似の試みは中国、インド、韓国も開始しており、とりわけ中国・アフリカ協力フォーラム(FOCAC)は目覚ましい成長を遂げている。これらの事業が緩やかに互いを意識し、連携し、東南アジアが招かれるとき、そこにはアフラシアの開発共同体が成立するだろう。

政府の動きだけではない。日中韓とインドには、それぞれの国とアフリカ諸国の交流を進める民間の動きが、学術、文化、ビジネスのすべての面にわたって存在する。他のアジア諸国がアフリカとどうつきあっているのか、関係者は互いの動きに興味があるはずだ。東南アジアはアフリカとの関係をあまり意識しないが、その国々の多くはイスラームやキリスト教の広域的な共同体の一部である。そして、アジア諸国を回遊するアフリカ人の移民たちがいる。アフリカとの交流をテーマにアジア諸国の関係者が意見交換を進めていけば、憲章を起草したり設立会議を開いたりしなくても、アフラシア共同体ができあがる。不自然に新しいことをやる必要はない。アジアにおける既存のアフリカ交流フォーラムを結びつけ、そこにアフラシアの外部の友人たちを客人として招くだけでよいのだ。

本書を読み進めてきた読者は、アフラシアの構想は思考実験としてはありうるかもしれないが、現実味がないと感じていたかもしれない。しかし実際には、アフラシア共同体はすでにほとんど存在している。アジア諸国がアフリカと交流する経験をお互いの手本として交換するだけでよいのである。そして、アフリカ諸国がアジアとの関係について同じことを試みてもよいだろう。

## アフラシアとヨーロッパ世界

ここまで私たちは、アフラシアを定義するネガとして、あるいは歴史的な反面教師として、ヨーロッパに何度も言及してきた。しかし、現代のヨーロッパという地域それ自体を、そしてヨーロッパで暮らす個々の人間を、まとめて打倒の対象と見なすことはできない。仕事が終わって仲間とパブでビールを飲むのを楽しみにしている労働党支持の頑固な労働者と、帝国主義の権化セシル・ローズに憧れるシティの金融エリートを、同じイギリス人として同一視することはできない。

アフラシアが興隆する反面で、ヨーロッパ世界は地球上の普通の地域になりつつある。EU離脱の国民投票の結果を受けて、イギリス人の友人が「グレート・ブリテンがスモール・ブリテンになっていく」と自嘲していたのを思い出す。しかし、心配は無用だろう。ヨーロッパの政治力と経済力が減衰していくにしても、ヨーロッパの歴史と文化の魅力は世界を引きつけ続けるからである。ヨーロッパが世界に寄生していたという過去の負の遺産を認めると同時に、内部に抱え込んだ旧植民地出身者の末裔の市民たちと向き合うとき、ヨーロッパというユーラシアの巨大な半島は歴史の蓄積に見合った深い敬意を世界中から受けられるようになるだろうし、そこから思いがけない革新も生まれてくるのではないか。

二一世紀に入り、アフリカとアジアの研究者が双方向的に知的共同体を形成していく事業を世界でいちばん熱心に支援してきたのは、アジア地域研究の拠点として知られるオランダのライデン大学である。ヨーロッパからバンドンを観察し、二二世紀に向かう地政学的な戦略を練っていけば、そのような方向性が生まれてくるのも当然だろう。アフラシアの構想を危険視する必要はまったくない。ヨーロッパ世界の内部から、アフラシアの主体的な連帯を手助けしようとする動きが生まれてきているのだ。未来のロシアが興味深いのも、ヨーロッパにもアジアにもなりうる両義的な存在として、両地域に橋を架ける可能性を秘めているからである。

## アフラシアとアメリカ世界

これまで本書では明示的に語らなかった重要なことが、ひとつある。アフラシアが二〇世紀まで続いた西ヨーロッパ世界による植民地支配によって定義づけられるとすると、南北アメリカ世界を、私たちはどう位置づけたらよいのだろうか。

アメリカ世界の径路を大きく変えたのは、言うまでもなく、一四九二年のクリストファー・コロンブスによる「アメリカ発見」だった。ラテンアメリカ世界は、スペイン、ポルトガルの植民地となった。米国はイギリスの植民地となった。カナダはイギリスとフランスの植民地となった。オーストラリアとニュージーランドも同じカテゴリーに入れてよい。これらの地域には西ヨーロッパ出自の人々が大規模に入植した。小人口世界の環境に、人口稠密なヨーロッパで発展した制度が移植されていったわけである。

そのプロセスにおいて、先住民は抹殺された。マクニールが『疫病と諸民族』で叙述したように、ヨーロッパ由来の病原菌やウイルスに対して免疫をもたなかったアメリカ世界の先住民たちは、伝染病に苦しめられて命を失い、人口が九割も減少したり、文字通り死滅したりしたが、スペイン人の征服者たちは健康だった。これは先住民たちにとって、価値、慣習、文化、宗教を含めて、世界が崩れ落ちる破局であったはずだ。その空白を埋めるように移送されてきたのが、アフリカ大陸の奴隷たちだった。

その後、一七七六年に米国がイギリスから独立、一八〇四年にハイチがフランスから独立、一八二一年にメキシコがスペインから独立、一八二二年にブラジルがポルトガルから独立するなど、南北アメリカ植民地の大部分が西ヨーロッパの宗主国から独立していった。ニュージーランド、オーストラリア、カナダが完全な主権国家として独立したのは二〇世紀に入ってからであるが、南北アメリカ世界の本体の国々は、一九世紀の初めまでに、西ヨーロッパ諸国の政治支配から不可逆的に離脱している。西ヨーロッパ諸国がアフラシア全土を対象として政治的な征服と帝国の建設を本格化させていくのは、その後の一九世紀後半のことである。アメリカに寄生していた生物が、アフラシアへと宿主を変えたかのようだ。

アフラシアというくくり方が可能になるのは、この事情による。南北アメリカの独立からアフラシアの独立の間には、百年から二百年のタイムラグがあるのだ。二〇世紀後半のアフラシアの独立の記憶は、今なお生々しい。日本が第二次世界大戦の記憶からまだ自由になっていないように、アフラシアの旧植民地では、独立によって国づくりの方向性がいったん定まったとはいえ、国民統合の試行錯誤が続いている国々も多い。

アフラシアには歴史ある王国、帝国がいくつも存在してきた。そうであるからこそ植民地支配は恥辱であり、独立後のアジアとアフリカの国々の多くは、「ネイション・ビルディング」をスローガンとして、国民の均質性を強める方向へと向かった。しかし、第三章で見たように、アフラシア世界もまた、内外の人々のダイナミックな移動を経験するようになってきている。移民たちの「よそよそしい共存」を超えた多文化共生のルールを創造することができるかどうかが、アフラシアが直面する重要な挑戦のひとつになっている。

アメリカ世界では、かなり様相が違う。ブラジルやキューバが典型であるが、ラテンアメリカ諸国では早くからクレオール文化が花開いた。米国もまた、長期的には集団の豊かな混交へと向かっている。バラク・オバマ大統領は史上初のアフリカ系の米国大統領であった。白人とケニア人のクレオールとしてのオバマが象徴するものに対して、米国の有権者の過半数が未来を託そうと願ったのである。南北アメリカ世界は、独立から二〇〇年前後を経過し、植民地関係を内部にのみ込んだクレオール世界としての姿を見せようとしている。そのようなものとして、南北アメリカはアフラシアの一歩先を歩んでいるのではないだろうか。寄生ではない共生のあり方を探るにあたって、南北アメリカ世界はアフラシア世界に貴重な範型を示してくれている。

非キリスト教世界の出身者を含む多くの移民たちと向き合うヨーロッパ世界、オセアニア世界の経験もまた、共生の実験の正負の教訓をアフラシアに与えてくれる。西洋世界から学ぶものはないとうそぶくのは早すぎる。西洋世界の不純さは、アフラシアの未来の鏡である。私たちはそこから豊かな教訓を得ることができるのではないだろうか。

## アフラシアと日本

日本を世界のなかに位置づけようとする地政学的な議論では、日本の立場をイギリスのそれになぞらえるものが多かった。海洋権力を確立させ、ユーラシア大陸心臓部の膨張する権力を東西から封じ込めるのである。中曽根康弘が一九八三年に日本をソ連に対抗する「不沈空母」にすると表現したのは、穏当ではなかったにしても、正直な表現ではあった。地域研究の分野では、梅棹忠夫が『文明の生態史観』（一九六七年）において、日本と西ヨーロッパを「第一地域」、ユーラシア大陸の本体を「第二地域」と呼んだことが思い起こされる。「第二地域」を「悪魔の巣」にするのは、乾燥地帯から外に出て暴れ回る遊牧民たちであった。

その一方、保守派の論客として知られた高坂正堯は、『海洋国家日本の構想』（一九六五年）のなかで、「日本は東洋でもなければ西洋でもない」という、いささか煮え切らない位置づけを提示している。高坂が福沢諭吉以来の「脱亜論」の思想的伝統を引き継ぐとすれば、日本は東洋ではないと言うだけで止めるのが自然だったかもしれない。しかし彼は、自由主義世界すなわち西洋なのであって、私たちはそこに「なにか調和しないもの」、完全に自己を同一化できないものを感じるという認識を示す。

高坂は日本が西洋に同化できない理由をあまり詳しく書いていないが、東アジアの国々の文化的近親性に加えて、日本もまた歴史的に西洋諸帝国による支配の対象だったということがあるだろう。日本は地理的に西洋世界の「極東」、あるいは米国経由で見れば「極西」に位置していたおかげで、植民地化を免れることができたのだが、これは必然というより、地理的な偶然がもたらした僥倖にすぎなかったように思われる。米国が南北戦争によって内向きになり、ヨーロッパ諸国がベルリン会議で互いに牽制しあうようになったのは、たまたま明治維新と重なる時代だった。

文化的には、イギリスがヨーロッパの一部であるのと同じ程度には、日本もアジアの一部であると受け止めるのが自然なのではないか――高坂は日本を「東洋の離れ座敷」と形容している。つまり、いちおう東洋の敷地内には位置しているわけだ。英語はゲルマンとラテンの諸語が融合したものだが、日本語はアジア太平洋の諸語が融合し、書き言葉として中国語を受け入れたものである。ブレグジットの混乱がヨーロッパ史の径路をどう変えるにせよ、イギリス人はヨーロッパ人である。同じように、日本人はアジア人である。

二〇世紀前半の日本ではアジア主義が熱心に語られたものだ。現代日本におけるアジアの復権をめぐる思想的な問題提起としては、哲学者廣松渉が一九九四年に朝日新聞の夕刊に発表した論説「東亜の新体制」を思い出さないわけにはいかない。マルクス主義者の廣松が「近代の超克」について考え続けていたことは知られていたが、関係主義的世界観にエコロジーと反官僚制を加味しながら、日中を軸とする東アジア新体制が世界秩序の「主役」に躍り出ることを宣言する議論は、当時は驚きをもって受け止められた――しかもこれが、直後に死去した廣松の絶筆となった。廣松の読者のなかには、一九三〇年代からの戦争に言及せずに「大東亜共栄圏」の復活を唱えるかのような筆致に違和感を覚えた者もいただろう。

アフラシアという共同体が存在しうると述べることと、かつてのアジア主義へのノスタルジーを表明することとは、時間的にも空間的にも別次元の話である。第一に、過去と決別するからこそ、アフラシア主義を構想することができる。一九八〇年代、日本政府の開発援助（ODA）に対する批判が盛んだった時代、渡辺利夫や草野厚といった経済学者は日本型のODAを積極的に擁護する論陣を張った。しかし、渡辺は曖昧さのない言葉づかいで次のように述べている。

中国、朝鮮の植民地化、東南アジアの軍事支配に対する贖罪は、われわれの十字架である。贖罪は一片の政治的声明によってよしとさるべきものではなく、歴史教育を通じて繰り返されていかなければならない。それにもまして肝腎なことは、この歴史的な反省にたって日本がアジアの将来に向けてどうたちふるまうべきであるのか、その規範を追究することでなければならない。しかしこの肝腎の追究がまともになされたことはついぞないあるのは自虐的な自省のみである（渡辺利夫・草野厚『日本のODAをどうするか』日本放送出版協会、一九九一年、三頁）。

「十字架」というのは、かなり強い言葉である。しかし、二一世紀の日本では、「規範の追究」も「自虐的な自省」も、両方ともに勢いがなくなってきた。ここで振り返っておきたいのは、少なくとも日本の国際協力の現場を知る関係者にとっては、個人の思想にはかかわりなく、日本の侵略行為が中国と朝鮮半島と東南アジアの人々に甚大な苦痛を与えたという認識が、コンセンサスであるとともに、次の創造的な一歩を踏み出す出発点でもあったということである。私たちは、アジアの日本人が「まるで西洋人のように振る舞った」歴史的な時代があることを潔く自己批判したうえで、前向きにアフラシアの構想を語ろう。このことをはっきり述べておきたいのは、日本の近現代史を見直そうとする議論の一部に、国際連合の成立の前提まで覆そうとする勢いがあるからである。

第二に、空間的には、東アジアの大国が、東南アジアからアフリカに連なる百にも及ぶ国々の経験から学び、その内発的な発展を側面から支援する構図を確立したいと思う。すなわち、図6-2の斜めの「責任の軸」の実践を強めるのである。現代の文脈において植民地支配を総括するというのは、反西洋を訴えるというよりは、他者の自由を奪わないこと、覇権を求めないこと、マクロ寄生を行わないことである。中国、インド、日本といったアジアの大国は、害をなさないという消極的自由にとどまらず、善をなすという積極的な自由を増進しよう。アジアが集合的にアフリカとの関係を考え、水平的な関係を求めていくことが、アジアの傲慢に対する解毒剤としても、決定的に重要になる。

近現代の日本は、「南」を裏切る一方で、「北」になり切ることもできなかった。そのあいまいさを逆にとらえれば、世界をより水平的な空間に変えていくことで国際社会における名誉ある地位を回復しようと望む、それができなければアイデンティティの落ち着く先を見出せないという、深い内的な動機をかかえていることにもなる。ここで気になるのは、日本社会が内向き傾向を強め、その組織原理の重心が「調整と育成」から「命令と管理」へと逆行してきたように見えることである。米国のみならず、中国、インド、アフリカ、東南アジアにも下からの創造的起業の波が生まれてきている。自分の意思で相手の元に出かけ、相手から学び、相手に力を与え、相手の力を吸収する。日本社会からそのような外に向かう交通の活力が失われてきているとしたら、若年人口の減少よりも大きな問題である。

## 三角測量の試み

日本の各地の大学で、「グローバル・リーダー」や「グローバル人材」の育成というかけ声のもとで、語学教育、留学、フィールドワークなどを組み合わせた様々な教育プログラムが整えられている。「グローバルに考え、ローカルに活動する」という世界的に普及したスローガンを聞いたことがある者も多いだろう。

世界を広く見聞し、次の一歩を考えるといえば、戦後には小田実の『何でも見てやろう』(一九六一年)が幅広く読まれたものである。一日一ドルで世界二二カ国の貧乏旅行を実践した小田は、当時二六歳だった。独特のユーモアがあふれる旅行記だが、今になって読み返すと小田の足取りはけっして軽やかなものではなく、むしろその後の世代の若者たちの「自分探しの旅」の前触れとしても位置づけられるように思う。小田は、米国から西ヨーロッパ、北アフリカ、アジア各地の社会を漂泊者の視線で鋭く観察したあと、日本に戻り、床屋の椅子に腰かけ、「どれほどの重苦しいもののなかをつきぬけて来たことであろう」と旅を総括する。その後の小田はベ平連の活動で大きな役割を果たしていくが、彼自身が日本の外に出て活動することはあまりなくなった。

いきなりグローバルに考えようとしても、人は途方に暮れるものだ。周囲を三六〇度見渡せる高地に立てば、あらゆる情報が得られるが、どこに向かって一歩を踏み出したらいいのか決められなくなるかもしれない。むしろ日本で暮らす個人が外的世界に向かう態度としては、世界大の発想をするよりも、外部の世界の特定の場所に関する知識、文化、技術を身につけ、その世界に没入することの方が多いのではないだろうか。好奇心に導かれて科学、言語、芸術、料理などの一分野で職人的な技法を修め、一芸に秀でるのである。

西洋文化が純粋な好奇心の対象になりうるのには、日本が植民地支配を受けずに済んだという背景もあるだろう。個人の関心が向かう対象は西洋世界の事物だけではない、それはインドネシアのろうけつ染めだったり、南インドの料理だったり、ジンバブエの親指ピアノだったりする。ひとつの対象世界に没入するアプローチは地域研究にも見られる。アフラシアの特定の村に入り、そこで村人たちに娘や息子と呼ばれ、すぐれた民族誌を書く若い研究者たちが育ってきている。アフラシアのいくつかの国に深く入り込み、住民主導の内発的な発展に寄り添う非政府機関(NGO)も数多く育っている。「ねばならぬ」でそうしたのではない。気がついたらそうなっていたのである。

自然な志向を前提にしないと、かけ声はかけ声だけに終わる。外部の特定の地に向かう、すなわち点と点をまっすぐ結んで深まっていく関心を前提としながら、世界観を広げる方法はないものだろうか。ここで、世界認識における三角測量の手法を提案したい。

三角測量とは、物差しを当てなくても正確に距離を測ることができる手法である。A地点とB地点の座標上の位置がわかっている。そして、A地点からC地点を見る角度、およびB地点からC地点を見る角度の両方がわかれば、C地点の位置を正確に特定することができる。この幾何学の手法を比喩として地域研究に当てはめたのが、文化人類学者の川田順造だった。川田の言う「文化の三角測量」は、シンプルだが奥深い手法である。日本のことを考えるときはフランスとアフリカを参照点とする、フランスのことを考えるときはアフリカと日本を参照点とする、アフリカのことを考えるときはフランスと日本を参照点とする、というわけだ。そうすることで二点間の双方向的な比較は三点間の立体的な比較となり、観察者の世界観に奥行きが生まれる。「西洋と日本」または「アジアと日本」といった内向きの二元的な認識から自由になり、地球規模の人間の社会に自らを位置づける一歩を踏み出せるのである。

だが、川田の議論では、三点のうち二点をフランスと日本という先進国、つまり近代世界の支配国家が独占している。これが常に従うべきモデルだというわけでは必ずしもないだろう。周辺化され、後回しにされてきたアフリカとアジアを意識的に押し上げ、敬意を表し、その声を聞き、主流化していくことで、バランスの回復を試みてもよいのではないか。さしあたり日本が観察の起点だとして、残りの二点はアフラシアから任意に選んでもよいはずである。

たとえば、インドネシアのイスラームが気になる者は、その経験をナイジェリアのイスラームと対比してみることで、多くの知見が得られるかもしれない。モハンダス・ガンディーのサティヤーグラハの思想の生成に興味がある者は、南アフリカとインドという二つの国における彼の実践の深化を追いかけてみてもいいだろう。硬派の社会主義を志向したベトナムとモザンビークは市場経済の荒波に飲み込まれているが、両国の違いと共通性は何だろうか。比較と結合の地点の組み合わせは必要に応じて自由なのだから、参照枠組みとしてヨーロッパやアメリカ世界を入れてもいいし、入れなくてもいいはずである。アフラシアの枠組みを意識的に考慮に入れることで、三角測量の手法は無意識の西洋中心主義から自由になり、さらに豊かなものになっていくのではないか。

日本人がアジア世界とアフリカ世界をよりよく理解するというだけではない。アジア人とアフリカ人が主体として互いをよりよく理解しようと希求する、そのための触媒として私たちが機能することを夢見よう。アフラシアの利害の対立を調整し、開放的で水平的なアイデンティティを育成するために、黒子の役割に徹するのである。

アフリカとアジアの人々が移動し、出会い、対話し、学びあう。アフラシアとは、そのような相互発見の空間に与えられるはずの名前である。出会いを恐れて閉じこもるのではなく、強者に媚びて自分を見失うのではなく、根拠なく威張り散らすのでもなく、自分の立ち位置を測りながら、開かれた共同体のなかで仲間たちとともに生きていく——それは自然であり、かつ存外に楽しいことではないだろうか。

# あとがき

アフラシアという言葉を軸に新しい国際関係論を考える着想が心に浮かんだのは、二〇一五年のことである。国連の人口統計を探索していて、本書で紹介した長期予測を見つけたのがきっかけだった。それから、アフリカに重心を置き、アフリカとアジアを単一の地域としてくくる構想をあちこちで話しながら、比較的短い期間に本書の議論を組み立てていった。

アフラシア論を歓迎してくれたのは、まずはインドの研究者だった。二〇一五年一〇月、ジャワハルラール・ネルー大学の国際会議でアフラシアの連帯をテーマに報告した際には、汎地域主義の考え方がインドのアフリカ研究者たちの感覚と強く共鳴したことを実感した。二〇一六年九月に南アフリカのケープタウン大学で話をしたときは、ムスリムの研究者たちから、「アフラシアの結節点」を見ることの大切さを教えてもらった。二〇一九年四月には、北京大学の地域研究院の国際会議でＧＩＳ（地理情報システム）を活用した本書の地図をいくつか見せたところ、ビジュアルな手法に関心が集まった。

新奇なことを発言すると、好意的な反応ばかりが返ってくるとは限らない。それほど多くはなかったが、超域的なアフラシアの発想がどうにも受け入れられないという人たちにも出会った。反応の相違は、相手がどこの国で生まれたか、政治的思考が右か左かとは関係がないようだ。この新書への読者の反応はどうだろうか。本書の地図とグラフを素材として、日本、アジア、アフリカの未来について議論してくれる人たちが広がれば、賛否両論あったとしても、とても嬉しい。

私の専門は、もともとはアフリカ地域研究である。それなのに、アジアを語り、世界を語り、自分が専門的に学んだわけでもない学問分野に不法侵入して、あれこれ評価を下す本を書いてしまった。学問の分業のルールからすると禁じ手かもしれない。それでも、大きな話を語らねばならない気がした。日本のアジア地域研究とアフリカ地域研究には、活発な交流が見られない。世界の接続性が飛躍的に強まっているのに自分たちの専門領域に閉じこもり続けるとしたら、これまでの個別の研究に豊かな蓄積があるだけに、とても悲しく、もったいないことだと思う。

世界秩序の前提が崩れ、百年の計が求められている今だからこそ、既存の学問の分業を乗り越えて地球を俯瞰する仕事が、もっとあってもいいはずだ。他方で私自身は、もし機会があれば、地方自治体の国際関係を考えるような、小さい空間が世界につながっていく分野の仕事もやってみたいものだと願っている。

本書の核となる主張は、英語では、二〇一七年のDreaming Afrasia: An Essay on Afro-Asian Relations in Space-Time Perspectivesという論文で読んでいただくことができる(*Routledge Handbook of Africa-Asia Relations* 所収)。その草稿にもとづいて、「『南』の地政学――アジア主義からアフラシアの交歓に向かって」(『現代思想』二〇一七年九月号)、および「アフラシアを夢見る――アフリカとアジアの架橋を目指す国際関係論」(遠藤貢・関谷雄一編『東大塾・社会人のための現代アフリカ講義』東京大学出版会、二〇一七年、所収)という二つの論考を発表した。アフリカ社会を小人口社会として理解する視点は、峯陽一・武内進一・笹岡雄一編『アフリカから学ぶ』(有斐閣、二〇一〇年)の第一章で提示したことがある。本書の第五章は、「『南』の多文化共生」(『思想』二〇一八年一〇月号)というエッセイの内容を展開したものである。第九章のコミュニケーション論の骨子は、二〇一七年六月の日本言語政策学会研究大会(関西大学)の招待講演で発表した。本書はこれらを「種」とし、水と光を与えて育てていったものである。基本的には書き下ろしだが、過去に発表した文章と同一の表現が一部に残っていることをお断りしておく。

アフラシアの概念を思いつき、育てていくにあたって、協力してくれた友人たちがいる。日本から地理的に遠い順に、シャミール・ジェピー(ケープタウン大学)、スカーレット・コーネリッセン(ステレンボッシュ大学)、サム・モヨ(アフリカ農業研究所、故人)、ビタンゲ・ンデモ(ナイロビ大学)、ナタニエル・アゴラ(アフリカ開発銀行)、エロワ・フィケ(フランス社会科学高等研究院)、クウェク・アンピア(リーズ大学)、フィリップ・ペイカム(ライデン大学)、アパラジータ・ビスワス(ムンバイ大学)、アジェイ・デュベイ(ジャワハルラール・ネルー大学)、リウ・ハイファン（北京大学）、スン・シャオメン（北京外国語大学）、セイフデイン・アデム（同志社大学）といった人々のお名前を挙げておきたい。私のゼミに参加した数十人の歴代のアフラシアの学生諸君からも、多くの刺激を与えてもらった。

岩波新書編集部の島村典行さんからは、本書の最初の読者として丁寧なコメントを頂戴することができた。本書の大きな付加価値は、多数の地図やグラフを用いて議論を視覚的に補強できたことである。口絵2から15までの作成過程におけるGISの作業は、中部大学中部高等学術研究所国際GISセンターの福井弘道センター長のご指導のもとで、安本晋也さんにお願いした。安本さんには大量のデータを手際よく処理していただき、感謝している。ただし、本書の地図表現などに問題があれば、それはすべて筆者の責任である。

この本が二一〇〇年に古書として読み返されたら、読者に笑い飛ばされるのかもしれない。こんなに楽観的だったのか、こんなに悲観的だったのか、まったく当たっていないではないか、あるいは、アフラシアの時代は何十年も前倒しで実現してしまったではないか——未来の状況も読者の反応も、予想するのは難しい

ともあれ、植民地的な「マクロ寄生」はそろそろ一掃しよう。持続可能性と再分配に気を遣

い、自然なナショナリズムを尊重し、市場の力を賢明に利用する諸国が平和的な連邦を下から構成していく。このような構想を前に進めるためには、大国も小国も含めて、アフリカとアジアの国々の対等な協力が必要になる。それを実現する条件として、アフラシアという「くくり方」にはまだ少なからぬ意味があろうかと思う。

アフラシアの時代は、機会であり、挑戦である。二二世紀すなわち二一〇一年以降の時代を生きる人々が、アフラシアの夢をくぐり抜けて、より平和で平等で、生態系と文化と個人の多様性を大切にする世界で暮らしていることを心から願う。

二〇一九年七月

峯　陽一

# 参考文献

本書の執筆の参考にした主要な文献の一覧である．本文に書誌情報を示したものは入れていない．

**第一部（人口と地理について）**

河野稠果『世界の人口 第2版』東京大学出版会，2000年．

河野稠果『人口学への招待――少子・高齢化はどこまで解明されたか』中公新書，2007年．

速水融『歴史人口学の世界』岩波書店，1997年．

鬼頭宏『人口から読む日本の歴史』講談社学術文庫，2000年．

マッシモ・リヴィーバッチ（速水融・斎藤修訳）『人口の世界史』東洋経済新報社，2014年．

浜由樹子『ユーラシア主義とは何か』成文社，2010年．

アーノルド・J・トインビー（蠟山政道他訳）『歴史の研究』社会思想研究会出版部，1956–58年．

ジャレド・ダイアモンド（倉骨彰訳）『銃・病原菌・鉄――1万3000年にわたる人類史の謎』（上・下）草思社，2000年．

ドネラ・H・メドウズ他（大来佐武郎監訳）『成長の限界――ローマ・クラブ「人類の危機」レポート』ダイヤモンド社，1972年．

ハワード・W・フレンチ（栗原泉訳）『中国第二の大陸アフリカ――100万の移民が築く新たな帝国』白水社，2016年．

アマルティア・セン（石塚雅彦訳）『自由と経済開発』日本経済新聞社，2000年．

斎藤修『比較経済発展論――歴史的アプローチ』岩波書店，2008年．

応地利明『絵地図の世界像』岩波新書，1996年．

パラグ・カンナ（尼丁千津子・木村高子訳）『「接続性」の地政学――グローバリズムの先にある世界』（上・下）原書房，2017年．

ロバート・D・カプラン（櫻井祐子訳）『地政学の逆襲――「影のCIA」が予測する覇権の世界地図』朝日新聞出版，2014年．

Paul Demeny and Geoffrey McNicoll eds, *The Earthscan Reader in Population and Development,* Earthscan, 1998.
Michael N. Pearson, *Port Cities and Intruders: The Swahili Coast, India, and Portugal in the Early Modern Era*, Johns Hopkins University Press, 1998.
Ali A. Mazrui and Seifudein Adem, *Afrasia: A Tale of Two Continents,* University Press of America, 2013.
Samuel H. Preston, "The Changing Relation between Mortality and Level of Economic Development," *Population Studies,* Volume 29, Issue 2, 1975, pp. 231-248.
Ester Boserup, *Woman's Role in Economic Development,* Allen & Unwin, 1970.
Tan Chee-Beng ed., *Routledge Handbook of the Chinese Diaspora,* Routledge, 2013.
Samir Amin, *Sur la crise: Sortir de la crise du capitalisme ou sortir du capitalisme en crise,* Le temps des cerises, 2009.

**第二部(歴史と経済について)**

トマ・ピケティ(山形浩生他訳)『21世紀の資本』みすず書房, 2014年.
アンドレ・グンダー・フランク(大崎正治他訳)『世界資本主義と低開発――収奪の《中枢－衛星》構造』柘植書房, 1976年.
アンドレ・グンダー・フランク(山下範久訳)『リオリエント――アジア時代のグローバル・エコノミー』藤原書店, 2000年.
世界銀行(白鳥正喜監訳)『東アジアの奇跡――経済成長と政府の役割』東洋経済新報社, 1994年.
ケネス・ポメランツ(川北稔監訳)『大分岐――中国, ヨーロッパ, そして近代世界経済の形成』名古屋大学出版会, 2015年.
ジョヴァンニ・アリギ(中山智香子他監訳)『北京のアダム・スミス――21世紀の諸系譜』作品社, 2011年.
ジャネット・L・アブー＝ルゴド(佐藤次高他訳)『ヨーロッパ覇権以前――もうひとつの世界システム』(上・下)岩波書店, 2001年.

アンガス・マディソン(政治経済研究所監訳)『世界経済史概観――紀元1年－2030年』岩波書店，2015年.
坪内良博『小人口世界の人口誌――東南アジアの風土と社会』京都大学学術出版会，1998年.
髙谷好一編『〈地域間研究〉の試み――世界の中で地域をとらえる』京都大学学術出版会，1999年.
杉原薫他編『講座生存基盤論』(全6巻)京都大学学術出版会，2012年.
吉國恒雄『グレートジンバブウェ――東南アフリカの歴史世界』講談社現代新書，1999年.
バーバラ・チェイス＝リボウ(井野瀬久美恵監訳)『ホッテントット・ヴィーナス――ある物語』法政大学出版局，2012年.
ウィル・キムリッカ(岡﨑晴輝他監訳)『土着語の政治――ナショナリズム・多文化主義・シティズンシップ』法政大学出版局，2012年.
カール・シュミット(田中浩・原田武雄訳)『政治的なものの概念』未來社，1970年.
トマス・W・マローン(高橋則明訳)『フューチャー・オブ・ワーク』ランダムハウス講談社，2004年.
ダヨ・オロパデ(松本裕訳)『アフリカ希望の大陸――11億人のエネルギーと創造性』英治出版，2016年.
クロード・レヴィ＝ストロース(大橋保夫訳)『野生の思考』みすず書房，1976年.
W・H・マクニール(佐々木昭夫訳)『疫病と世界史』新潮社，1985年.
エスター・ボズラップ(安澤秀一・安澤みね訳)『人口圧と農業――農業成長の諸条件』ミネルヴァ書房，1991年.
田中明彦『新しい「中世」――21世紀の世界システム』日本経済新聞社，1996年.
Gareth Austin and Kaoru Sugihara eds, *Labour-Intensive Industrialization in Global History,* Routledge, 2013.
Albert O. Hirschman, *The Strategy of Economic Development,* Yale

University Press, 1958.
Albert O. Hirschman, "Exit, Voice and the State," *World Politics,* Volume 31, Issue 1, 1978, pp. 90–107.
James C. Scott, *Seeing Like a State: How Certain Schemes to Improve the Human Condition Have Failed,* Yale University Press, 1998.
UNCTAD (United Nations Conference on Trade and Development), *World Investment Report 2018,* United Nations, 2018.
John Iliffe, *Africans: The History of a Continent,* Cambridge University Press, 1995.
John Iliffe, *The African Poor: A History,* Cambridge University Press, 1987.
Igor Kopytoff ed., *The African Frontier: The Reproduction of Traditional African Societies,* Indiana University Press, 1987.
Anthony Reid, *Southeast Asia in the Age of Commerce, 1450-1680, Volume One: The Lands below the Winds,* Yale University Press, 1988.
J. S. Furnivall, *Colonial Policy and Practice: A Comparative Study of Burma and Netherlands India,* The University Press, 1948.
Prasannan Parthasarathi, *Why Europe Grew Rich and Asia Did Not: Global Economic Divergence, 1600-1850,* Cambridge University Press, 2011.
Scarlett Cornelissen and Yoichi Mine eds, *Migration and Agency in a Globalizing World: Afro-Asian Encounters*, Palgrave, 2018.
Fumiaki Imamura et al., "Dietary Quality among Men and Women in 187 Countries in 1990 and 2010: A Systematic Assessment," *The Lancet Global Health,* Volume 3, Issue 3, 2015, pp. 132–142.

**第三部(国際関係と文化について)・終章**

パンカジ・ミシュラ(園部哲訳)『アジア再興——帝国主義に挑んだ志士たち』白水社，2014年.
サミュエル・ハンチントン(鈴木主税訳)『文明の衝突』集英社，1998年.

森本公誠『イブン＝ハルドゥーン』講談社，1980 年．

加藤博『文明としてのイスラム――多元的社会叙述の試み』東京大学出版会，1995 年．

家島彦一『イブン・バットゥータと境域への旅――「大旅行記」をめぐる新研究』名古屋大学出版会，2017 年．

デイヴィッド・ヒューム(田中敏弘訳)『道徳・政治・文学論集 完訳版』名古屋大学出版会，2011 年．

池田香代子再話，C・ダグラス・ラミス対訳『世界がもし 100 人の村だったら』マガジンハウス，2001 年．

ベネディクト・アンダーソン(白石隆・白石さや訳)『想像の共同体――ナショナリズムの起源と流行』リブロポート，1987 年．

今福龍太『クレオール主義』青土社，1991 年．

高坂正堯『海洋国家日本の構想』中央公論社，1965 年．

梅棹忠夫『文明の生態史観』中央公論社，1967 年．

廣松渉「東北アジアが歴史の主役に――日中を軸に『東亜』の新体制を」『朝日新聞』1994 年 3 月 16 日(夕刊)．

小田実『何でも見てやろう』河出書房新社，1961 年．

川田順造『西の風・南の風――文明論の組みかえのために』河出書房新社，1992 年．

Luis Eslava, Michael Fakhri and Vasuki Nesiah eds, *Bandung, Global History, and International Law: Critical Pasts and Pending Futures,* Cambridge University Press, 2017.

Dipesh Chakrabarty, "The Legacies of Bandung: Decolonization and the Politics of Culture," in Christopher J. Lee ed., *Making a World after Empire: The Bandung Moment and Its Political Afterlives,* Ohio University Press, 2010.

Neville Alexander, *Language Policy and National Unity in South Africa/Azania: An Essay,* Buchu Books, 1989.

Ali A. Mazrui, "Religion and Political Culture in Africa," *Journal of the American Academy of Religion,* Volume 53, Number 3, 1985, pp. 817–839.

Kwesi Prah, "The Language of Development and the Development of

Language in Contemporary Africa," Centre for Advanced Studies of African Society (CASAS), 2011.
Mao Tse-Tung, *On Practice and Contradiction* (introduction by Slavoj Žižek), Verso, 2007.

**【口絵の世界地図の投影法について】**

3次元の地球の形状を2次元の紙の上に再現することは不可能である．世界各国の面積を正確に表現しようとすると形が歪んでしまうし，国の形を正確に表現しようとすると面積が偏ってしまう．本書の口絵では，統計データを面積で表現するカルトグラム(口絵2，3，4，8)は，面積が正しいエケルト第4図法を基礎としている．口絵1の投影法は，中心点からの方向と諸国の面積が正確な正積方位図法である．口絵15はミラー図法，それ以外の地図はロビンソン図法を用いている．

地域研究者は自分の対象地域の国々の地形を正しく描いた地図に慣れているので，面積が正確な世界地図を目にすると，各国の地形の歪みが気になる．ロビンソン図法は正積図法と正角図法の折衷であり，アフラシア付近の低緯度地帯の形状の歪みが相対的に少ない図法である．

口絵の主題図では，中国，インド，パキスタンの国境の係争地帯は空白にしている．西サハラの大部分はモロッコに実効支配されているが，国際社会が認めているわけではないため，西サハラの独自のデータが存在しない場合は空白にしている．

**【国連の2019年の人口予測(The 2019 Revision)について】**

国連経済社会局人口部は未来の人口予測を2年ごとに見直してきた．本書は2017年の予測に依拠しており，2019年6月17日に発表されたデータを間に合わせることはできなかったが，本書の論旨を変えるほどの違いがないことは確認できている．グラフや地図の形状は，2019年のデータでもほぼ同じである．https://population.un.org/wpp/ にアクセスすると，その時点での最新のデータを見ることができる．

詳しく見ると，2019年の新しい予測(中位推計)では，2100年の世界の人口は108.7億人(アジアは47.2億人，アフリカは42.8億人)となっており，2017年の予測よりも，アフリカの人口増加が少しばかり下方に修正されている(本書の表1-1を参照)．2019年の予測では，21世紀の半ばにアフリカの合計特殊出生率(TFR)が順調に低下していくと想定されているからである．本書では，アフリカの経済成長と貧困削減が世

界人口を早期に均衡させる鍵になるというメッセージを示した．人類の社会は，この課題にいっそう真剣に取り組んでいくべきだろう．

国連経済社会局人口部がどのようにして人口予測をとりまとめているかについては，河野稠果『世界の人口』(東京大学出版会)の記述が示唆に富む．なお，本書の図表の地域区分は，基本的に国連統計の地域区分に依拠している．どの国がどの地域に含まれるかについては，https://unstats.un.org/unsd/methodology/m49/ のなかの Geographic Regions をご参照いただきたい．

峯 陽一

1961年熊本県天草生まれ．京都大学文学部史学科卒，同大学院経済学研究科博士課程単位取得退学
現在－同志社大学大学院グローバル・スタディーズ研究科教授，JICA研究所客員研究員
専攻－人間の安全保障，開発研究，アフリカ地域研究
著書－『現代アフリカと開発経済学』(日本評論社，国際開発研究大来賞受賞)，『南アフリカ──「虹の国」への歩み』(岩波新書)
共編著－*Human Security Norms in East Asia* (Palgrave), *Human Security and Cross-Border Cooperation in East Asia* (Palgrave), *Migration and Agency in a Globalizing World: Afro-Asian Encounters* (Palgrave), *What Colonialism Ignored* (Langaa RPCIG), *Preventing Violent Conflict in Africa: Inequalities, Perceptions and Institutions* (Palgrave),『アフリカから学ぶ』(有斐閣)，『憎悪から和解へ──地域紛争を考える』(京都大学学術出版会，NIRA大来政策研究賞受賞)など

2100年の世界地図
アフラシアの時代
岩波新書(新赤版)1788

2019年8月22日　第1刷発行

著 者　峯《みね》 陽《よう》一《いち》

発行者　岡本 厚

発行所　株式会社 岩波書店
〒101-8002 東京都千代田区一ツ橋2-5-5
案内 03-5210-4000　営業部 03-5210-4111
https://www.iwanami.co.jp/

新書編集部 03-5210-4054
http://www.iwanamishinsho.com/

印刷製本・法令印刷　カバー・半七印刷


ISBN 978-4-00-431788-3　Printed in Japan

# 岩波新書新赤版一〇〇〇点に際して

ひとつの時代が終わったと言われて久しい。だが、その先にいかなる時代を展望するのか、私たちはその輪郭すら描きえていない。二〇世紀から持ち越した課題の多くは、未だ解決の緒を見つけることのできないままであり、二一世紀が新たに招きよせた問題も少なくない。グローバル資本主義の浸透、憎悪の連鎖、暴力の応酬――世界は混沌として深い不安の只中にある。

現代社会においては変化が常態となり、速さと新しさに絶対的な価値が与えられた。消費社会の深化と情報技術の革命は、種々の境界を無くし、人々の生活やコミュニケーションの様式を根底から変容させてきた。ライフスタイルは多様化し、一面では個人の生き方をそれぞれが選びとる時代が始まっている。同時に、新たな格差が生まれ、様々な次元での亀裂や分断が深まっている。社会や歴史に対する意識が揺らぎ、普遍的な理念に対する根本的な懐疑や、現実を変えることへの無力感がひそかに根を張りつつある。そして生きることに誰もが困難を覚える時代が到来している。

しかし、日常生活のそれぞれの場で、自由と民主主義を獲得し実践することを通じて、私たち自身がそうした閉塞を乗り超え、希望の時代の幕開けを告げてゆくことは不可能ではあるまい。そのために、いま求められていること――それは、個と個の間で開かれた対話を積み重ねながら、人間らしく生きることの条件について一人ひとりが粘り強く思考することではないか。その営みの糧となるものが、教養に外ならないと私たちは考える。歴史とは何か、よく生きるとはいかなることか、世界そして人間はどこへ向かうべきなのか――こうした根源的な問いとの格闘が、文化と知の厚みを作り出し、個人と社会を支える基盤としての教養となった。まさにそのような教養への道案内こそ、岩波新書が創刊以来、追求してきたことである。

岩波新書は、日中戦争下の一九三八年一一月に赤版として創刊された。創刊の辞は、道義の精神に則らない日本の行動を憂慮し、批判的精神と良心的行動の欠如を戒めつつ、現代人の現代的教養を刊行の目的とする、と謳っている。以後、青版、黄版、新赤版と装いを改めながら、合計二五〇〇点余りを世に問うてきた。そして、いままた新赤版が一〇〇〇点を迎えたのを機に、人間の理性と良心への信頼を再確認し、それに裏打ちされた文化を培っていく決意を込めて、新しい装丁のもとに再出発したいと思う。一冊一冊から吹き出す新風が一人でも多くの読者の許に届くこと、そして希望ある時代への想像力を豊かにかき立てることを切に願う。

（二〇〇六年四月）